本书由聊城大学科研基金项目资助（编号 321021955）

信息技术环境下 大学英语教学理论与实践

张恩秀 著

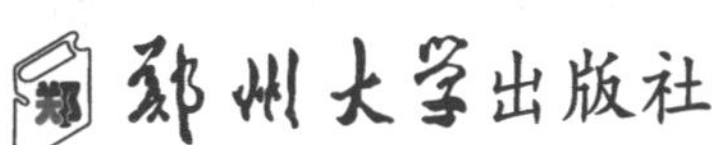

图书在版编目(CIP)数据

信息技术环境下大学英语教学理论与实践 / 张恩秀著．— 郑州：郑州大学出版社，2020．10(2024.6 重印)

ISBN 978-7-5645-7259-4

Ⅰ．①信… Ⅱ．①张… Ⅲ．①英语－教学研究－高等学校 Ⅳ．①H319.3

中国版本图书馆 CIP 数据核字(2020)第 166887 号

信息技术环境下大学英语教学理论与实践

XINXI JISHU HUANJING XIA DAXUE YINGYU JIAOXUE LILUN YU SHIJIAN

策划编辑	王卫疆	封面设计	苏永生
责任编辑	康静芳	版式设计	凌　青
责任校对	吴　静	责任监制	李瑞卿

出版发行	郑州大学出版社	地　　址	郑州市大学路 40 号(450052)
出 版 人	孙保营	网　　址	http://www.zzup.cn
经　　销	全国新华书店	发行电话	0371-66966070
印　　刷	廊坊市印艺阁数字科技有限公司		
开　　本	787 mm×1 092 mm　1 / 16		
印　　张	12.5	字　　数	239 千字
版　　次	2020 年 10 月第 1 版	印　　次	2024 年 6 月第 2 次印刷

书　　号	ISBN 978-7-5645-7259-4	定　　价	68.00 元

作者简介

张恩秀,女,河北故城人,文学硕士,聊城大学外国语学院(大学外语教育学院)。西安外国语学院英语专业获文学学士学位。聊城大学外国语学院外国语言学及应用语言学专业获文学硕士学位。主要研究方向为应用语言学、二语习得和跨文化交际。获聊城大学"教学新星"、山东省高校青年教师多媒体教学课件竞赛二等奖、全国多媒体课件大赛高教文科组三等奖、"外教社杯"全国高校外语教学大赛山东赛区微课组三等奖等多项教学奖励,发表论文十余篇,主持、参与省部级教学、科研项目多项。

内容简介

信息技术革命给世界带来了翻天覆地的变化,也对大学英语教育提出多重挑战与机遇。大学英语作为高校公共必修课,学生涉及面广、学习时间长,对学生的专业和个人综合素质发展产生重要影响。本书以建构主义、人本主义、产出导向法等为理论基础,从教与学两个角度对信息技术环境下的大学英语教学状况进行分析,主要涵盖了教学模式、教学方法、学生的自主学习状况和自我效能感、文化教学与传播、教师发展挑战与对策等。本研究既有理论的阐释,又有基于定量和定性研究的调查分析,对于明确大学英语教学现状以及进一步推进大学英语教学改革提供具体借鉴。

前言

信息技术革命给世界带来了翻天覆地的变化，也使教育信息化的浪潮叠起。从早期的远程电视教学到计算机辅助教学，再到网络化教学以及近年来的微课、慕课、移动学习、混合学习和翻转课堂、在线教学等，令人目不暇接。2019年2月中共中央、国务院印发的《中国教育现代化2035》把“加快信息化时代教育变革，建设智能化校园，统筹建设一体化智能化教学、管理与服务平台。利用现代技术加快推动人才培养模式改革，实现规模化教育与个性化培养的有机结合”作为重要的战略任务。

信息技术的迅速发展给大学英语教学也带来深刻的影响和变革。从《大学英语课程教学要求》(2007)提出各高校应采用“基于计算机和课堂的英语教学模式”到《大学英语教学指南》(2015版)强调“各高校应将网络课程纳入课程设置，使课堂教学与基于网络的学习无缝对接，融为一体”，充分体现了现代信息技术和大学英语教育结合的必要性和重要性。

本书以建构主义、人本主义、产出导向法等为理论基础从教与学两个角度对信息技术环境下的大学英语教学状况进行研究，主要涵盖了教学模式、教学方法，学生的自主学习状况和自我效能感、文化教学与传播、教师发展等内容，既有理论的阐释，又有基于定量和定性研究的调查分析，能够为从事大学英语教学实践和教学研究人员提供一定参考，对进一步推进当代大学外语教学提供借鉴。

本书在阐述信息技术环境下大学英语教学发展现状的基础上，具体探讨了如下内容：

1. 教学模式与方法

以“产出导向法”理论为指导，以提高学习者的语言应用能力为目标，提出通过改革课程设置、提升教学方法、建立课堂与课外相结合的教学空间、优化教学评价等措施革新大学英语教学模式。通过问卷调查分析分级教学尤其是“二分法”的优势与问题。英语教学情感策略方面，在建构主义视野下探讨了如何利用动机、教学环境和评价机制因素帮助学生深化学习动机，降低焦虑，树立自信心，从而提高教学效果。最后探讨了信息化教学模式下教师的提问策略。

2. 英语自主学习

主要探讨了在基于计算机和课堂相结合的教学模式下非英语专业学生的自主学习状况。主要包括：学生在学校宏观的、尤其是跟课程相关的语音视听说课程的自主学习状况，基于移动设备尤其智能手机的学习调查，探究式学习的运用，提高自主学习的策略。

3. 英语自我效能

本书在梳理文献的基础上对英语学习者的自我效能进行调查和分析，并提出增强英语学习自我效能的建议。

4. 教学评价方式

主要内容包括：基于对网络自主学习的形成性评估、电子档案袋使用、CET 研究，如反拨效应和性别差异。

5. 文化教学与传播

现代信息技术下的大学外语教学除了要考虑语言、技术因素，也要考虑所承载的文化内涵，做到“形”与“魂”的有机结合。其相关讨论的问题包括：文化教学、网络流行语探析、中西方时间观念差异及情感隐喻表达差异。

6. 非常时期在线教学

结合新型冠状病毒性肺炎疫情防控期间大学英语的教学现状，探讨如何实现在线学习与线下课堂教学质量实质等效。

7. 高校教师发展

在阐述教师角色变化的基础上，分析了高校教师面临的挑战，提出教师发展的理念与对策。

2020 年上半年，本书即将完成之际，一场席卷全球的新型冠状病毒肺炎疫情影响了人们生活的方方面面。因疫情防控需要，各地延迟了开学时间，为了使学生度过有意义的“超长假期”，国务院和教育部号召“停课不停教、停课不停学”，以信息技术为支撑的在线教育成为重要途径。各高校充分利用依托各级各类在线课程平台、校内网络学习空间等，积极开展线上授课和线上学习等在线教学活动，以保证新型冠状病毒性肺炎疫情防控期间的教学进度和教学质量。可以预见，信息技术环境下的学习在日常和非常时期都是一种重要的学习方式，必将会在人才培养方面发挥越来越重要的作用。

目录

第一章

信息技术与大学英语教学

现代科学中的“信息技术”（information technology，IT）又被称作“信息和通信技术”，是在20世纪40年代计算机诞生的基础上衍生出来一个全新技术。1958年，美国学者李威特（Leavitt）和惠斯勒（Whisler）首次提出了“信息技术”这一术语。此后，众多学者在不同的学科领域基于不同的使用目的、范围和层次对信息技术提出了不同的阐释。简言之，信息技术是在微电子学的基础上，将计算机技术和通信技术相结合，通过对声音、图像、文本以及数字等各种信息进行捕获、处理、存储和传播的技术[①]，是对处理和管理信息所采用的各种技术的总称。

第一节　信息技术概述

从具体内容来看，信息技术主要包括如下三方面：一是，信息技术的作用对象。信息技术最直接的作用对象是信息。它是指以适合于通信、存储或处理的形式来表示的知识或消息。信息的基本表现形式主要为数据、文本、声音、图像。从具体特征来看，信息具有可识别性、传载性、可转换性、共享性以及时效性等特点。二是，信息技术的承载媒介即承载和表现信息的各种媒体，一般表现为平面媒介（如印刷媒体）和立体媒介（如电子媒体、网络等），承载媒介是技术的物化形态。三是，信息技术的应用方法，主要表现为通过信息媒介对信息进行收集、运算、储存和传递的具体方法。从形态上看，它是技术的智能形态，又被称为软技术，如语言文字技术、数据统计分析技术、规划管理技术、计算机软件技术等。

在过去的半个世纪中，信息技术的发展对现代社会产生了重要影响，也将继续改变

---

① Longley, Dennis; Shain, Michael. Dictionary of InformationTechnology. London: Macmillan Press, 2012:164.

未来的人类社会,如同过去的历次产业革命一样,信息革命源于科学技术的重大创新,促进了生产力的巨大进步,从而推动社会进入新的文明阶段。毋庸置疑,作为现代社会生产力的重要因素,信息已成为社会发展的战略资源,乃至现代世界最先进的生产力。

一、信息技术的环境:互联网

互联网是信息革命的重要体现,也是信息技术进步以及相关领域进一步发展的重要环境,正是互联网在全球的广泛普及、互联网技术的迅猛发展以及相关应用的不断推广,为信息技术的进一步创新创造出一个良好的需求环境,进而促进信息技术的不断创新与发展。随着互联网网络速度的快速提升,超高速全光学网络、无线互联网、性能更强的交换机与路由器、新的 IP 协议、多点广播、网络信息安全、网络性能度量监控和管理等技术不断改善,从而为开发新的业务与应用提供了重要支撑环境。在可预见的将来,高质量、内容丰富、公众参与以及个性化的服务日益拓展和提升,这其中,内容服务业将成为互联网中增长最快的产业之一。

二、信息技术的基础:微电子技术

微电子技术是信息技术持续巨大变革的基础。众所周知,没有微电子就不可能有计算机、现代通信以及网络等产业的发展,也就没有当今的信息社会。溯及源头,微电子技术诞生的标志是晶体管的发明,它的出现揭开了人类社会信息时代的序幕。随着集成电路的出现,微电子产业更是得到快速发展:从集成电路的发展来看,其经历了小规模集成(SSI),经过中规模集成(MSI)、大规模集成(LSI)、超大规模集成(VLSI)到今天的特大规模集成(ULSI),乃至吉规模集成(GSI),集成度已提高了 8 ~9 个数量级。它的出现打破了传统电子技术中器件与线路分离,开辟了电子元器件与线路甚至整个系统向一体化发展的方向,为电子设备的性能提高、价格降低、体积缩小以及能耗降低提供了新的途径,也为电子设备的迅速普及和走向大众奠定了重要基础。微机械电子系统和微光电机系统新技术,被称为硅半导体技术或微电子技术的又一次革命。电子信息系统芯片把电子信息系统中的信息获取、信息执行与当前信息处理等主要功能集成于一个芯片上。芯片智能化使机械、光学、化学和生物等机件、器件或系统在微型化基础上赋予一定的智能。在实验室中或小批研制中已出现了如微型化学实验室芯片、微光学平台芯片,乃至包括 DNA 芯片在内的各种生物芯片。这些芯片不仅更加微小,而且反应速度快、能耗和材料消耗少,环保性更突出。

三、信息技术的核心:计算机技术

信息技术的核心则是计算机技术的持续发展,大规模并行处理、多媒体、开放系统、面向对象、网络计算和嵌入式计算等,在建立和谐人机环境方面成效显著,已成为当今的主流技术。计算机体系结构与计算机系统将向高性能、网络化、人性化三大方向发展,按传统的巨、大、中、小、微型计算机的分类,演变为按客户机和服务器进行分类。高性能计算机的主要发展则朝着高性能、可扩展、高可用的超级服务器的方向迈进。计算机系统构造技术把计算机体系结构和系统软件及应用软件支撑环境作统一的部署,进行自始至终的结合,在实际应用中,依靠"三结合"把系统调整到最优状态。从当今来看,计算机操作系统的主流已是64位操作系统。它的日益普及以及超线程技术的发展都预示着频率主导的微处理器时代的结束,宣告了双核乃至多核时代的到来。PC机向智能化发展,计算机、通信和消费产品的技术将结合起来,以3C产品的形式通过互联网获得很快的发展,后PC时代对我国将是一个很大的机遇。[①]

第二节 大学英语教学的理论与发展

随着全球化时代的到来,英语早已成为国际通用商用语言,熟练掌握英语已经成为更好地参与激烈国际竞争的必备条件。作为国内所有高校普遍开设的一门公共必修课,大学英语教学时间长,课时多,所占学分多,教师和学生在英语学习上的投入较多。然而从实际学习效果来看,结果经常是事倍功半。人们经常诟病的"高分低能""哑巴英语"等现象在高校教学中十分突出,相关问题已经成为我国大学英语教学中存在的典型问题,大学英语教学亟待改革,已经成为教育工作者和研究者都普遍达成的共识。

从既有研究和改革探索的现状来看,近年来众多英语理论工作者在借鉴多种英语教学理论的基础上,对大学英语的教学理念、教学模式、教学特点及方法进行了改革,并取得了一系列重要成果。

① 任军、刘军、刘永泰:《信息技术及其发展趋势》,《科技情报开发与经济》2008年第8期。

一、英语教学的传统理论与方法

（一）翻译法

作为早期的英语教学方法，翻译法主要的英语教学思想坚持语言与思维是同步的，不同语言的语法也是相通的。从语言学习的目的来看，实现不同语言的互译是其主要目标。在中国早期的英语学习中，语法与翻译的学习占据主要内容。语法的学习一方面有助于理解和翻译英语，也能够在一定程度上训练学习者的逻辑思维能力，由此，在 20 世纪 80 年代的英语教学中，翻译教学法被广泛采用。从具体教学方法来看，学习者主要是按照语法规则进行学习，教师则在语法授课后通过具体的事例进一步予以说明。教师在解释单词的基础上，重点讲解英语课文，而英语课文也主要是围绕语法的重点、难点进行讲解，最后在逐句进行翻译。

（二）认知法

与翻译法不同的是，英语教学中的认知法强调的是以学习者为中心，通过对学习者进行有意义的学习和训练，最终提高学习者的对于英语的听、说、读、写的相关能力。随着我国与国外交流的日益密切，各领域日益需要大量能够具备英语应用能力的人才。与此同时，高校非英语专业的学生开始每年参加大学生四六级的外语考试。毋庸置疑，大学生四六级英语考试对于提高学生英语听、说、读、写的能力具有重要作用，而相对于翻译法，英语教学中的认知法有助于发挥学生的积极性和主动性，促进学习者听、说、读、写多种能力并进。

（三）交际法

交际法英语教学以培养学生英语交际能力为主。20 世纪 90 年代以来，随着我国对外开放的进一步深入，特别是在全球化的世界格局中，我国与世界各国之间的政治、经济、文化之间的交流日趋频繁，各领域特别是商业领域亟需大量具备英语交际能力的人才。这就对英语学习者提出了更高的要求，而适应上述需求，新的英语教学大纲也开始修改了以往的英语学习要求，交际法英语教学正是在这样的大环境中应运而生。

二、大学英语传统教学理论与方法的不足

传统的大学英语的教学理论研究虽然在特定时期对于当时的英语教学具有重要的指引作用，但随着高校英语教学改革实践的推进，以往的大学英语教学理论及方法已经

难以适应当今高校英语教学的需要，相对于英语学习者特别是人才市场的需要，大学英语教学中理论与教学方法日益凸显出多层次的不足与问题。

作为一门应用型课程，大学英语教学的基本要求和目标是：一方面，指导学生通过听力、阅读训练提高对于英语的理解能力；另一方面，通过口语的训练培育学生具备应用英语表达自己思想的能力。上述要求决定了英语学习者必须在具体的语言实践中培养英语的综合能力。然而，在传统的大学英语课堂教学中，满堂灌输的教学方式依旧是英语教师普遍的授课方式。这样的教学模式决定了教师难以摆脱以讲解英语知识点为重点，而课堂上留给学生英语训练的时间少之又少。这样的结果就是，英语学习者即使能够听懂，也难以具备实际表达的能力，从而决定了我们的英语学习无法摆脱"哑巴式"英语学习的误区。

从传统英语教学理论的影响来看，许多英语教师受其影响，在实际的英语教学中依旧贯彻以讲解课文、解释语法为主。教学内容依旧偏重于对英语句子的翻译，乃至强调记忆式语言学习。上述教学方式虽然有助于学生精确掌握英语语法，但是难以满足英语学习者在英语表达和应用中的需求。此外，尽管大学英语的学习要求是掌握英语全面的听、说、读、写能力，上述要求也能够在当前的大学英语教学中体现，然而，这四个部分的较好衔接在教学实践中较少受到人们的重视，从某种程度上看这四个部分却是断裂的。这就导致一方面学生在听力课上仅仅是进行单纯的听力训练，另一方面在阅读课上也只是简单的阅读训练。英语教师如果能够较好地结合这四个方面的教学内容，学生便能够对听力和阅读上所获得内容信息进行结合与整理，从而使得学生在具体的应用中能够有话可说，有话可写。①

三、大学英语教学理论的发展

随着英语教学需求和实践的探索，大学英语教学理论也在不断发展与创新，进而又影响着英语教学实践，影响较大的理论主要包括：隐喻认知理论、ESA 理论、多元智能理论。

（一）隐喻认知理论

在传统的英语理论中，隐喻属于修辞格类型的一种，往往被简单地认为是一种单纯的语言学现象。随着研究者对隐喻知识认识的不断深入，近些年来，哲学、逻辑学、语言

---

① 贾云鹏：《解读大学英语教学理论与教学方法》，《湖北经济学院学报》（人文社会科学版）2015年第12期。

学等被相继引入到隐喻研究中，隐喻也逐渐从狭义的英语隐喻理论转变为人类认知高度的隐喻理论认知。其中具有标志性的研究成果是莱考夫（Lakoff）和约翰逊（Johoson）合作出版的《我们赖以生存的隐喻》。它的出版使得隐喻研究突破了传统研究的界限，人们此后开始用概念隐喻来进行研究。

隐喻的认知语言学认为，概念隐喻就是通过一个概念隐喻来理解另一个概念隐喻方式。隐喻被视为人类生存和认知的基本方式之一，它不仅是一种语言现象，也是一种思维方式，语言的本质就是隐喻。从隐喻认知理论的角度出发，隐喻是词汇教学中运用抽象概念具体化的一种手段，所学词汇的意象化与具体化可被称为当今词汇教学发展的重要方向之一。

尽管英语传统教学方法中也存在隐喻理论的应用，但在具体的实践中，教师往往只是用例句的形式表达出相关词汇的不同含义，却不能进一步引入隐喻的认知理论。语言学家在研究中发现，语言符号的多义性与创造性同隐喻在概念上的形成和使用关系密切，不同的词汇之间的意义联系是在特定的语义之上形成的，而不是随意的。教师在英语学习中通过对隐喻的讲解，能够有助于学习者掌握和理解更多的词汇。

（二）多元智能理论（MI 理论）

多元智能理论也即 MI 理论（Multiple Intelligence Theory），它是美国教育学家、发展心理学家加德纳（Gardner）在充分的实证分析基础上提出的新型智力理论。多元智能理论在西方教育界产生了极大影响，成为 20 世纪 90 年代以来西方国家教育教学改革的重要指导思想，被心理学界普遍视为现代智力理论发展的里程碑。Gardener 反对智能单一化观点，反对传统智力观把逻辑和语言智能置于智力中心的做法，主张个体的智力结构本质上是多元的，虽然这些智能对于不同个体而言存在内差异，但对个体的发展都同样重要，并且在个体智力发展过程中相辅相成。

多元智能包括众多不同的部分。这其中，在理论界影响较大的几种多元智能包括：语言文字智能、数理逻辑智能、视觉空间及自我认知等技能。

语言文字技能主要体现在语言思维、语言表达以及语言欣赏的深层内涵能力上，它主要在口语与书面语言上具有创造性的发挥。一般而言，语言文字技能较为突出的个体往往能够利用生字词进行思考，相对于其他人，语言文字技能突出的学生善用通过阅读和写作提高语言文字技能。数理逻辑智能指的是使用数字和符号进行的学习的能力。一般而言，数理逻辑能力较高的人具有强烈的探索欲望，敢于接受挑战，善于解决问题，而科学家、数学家、天文学家等往往更为具备数理逻辑智能。视觉空间智能一般指的是能够准确感受形状、色彩、空间位置并充分表达的能力。空间思维能力能够引导学习者通过想象感受到外在和内在的图像，并用图形的思维去表达想象的能力，进而增强学生们自由想象的空间，及时调整物体的空间位置，增强创造图形、解释图形的信息。自我认知智能，指的是个体认知自我、约束自己、辨认自己与他人异同的能力，即可以意识到自己的内在情绪、意象及动机，并用这种意识的动机去指引人生。在充足的时间内，自我意识较强的学生能够在独处的环境中获得较高的工作效率。

（三）ESA 理论

新世纪以来，适应英语教学实践的不断发展，一些新的教学方法应运而生，并初步展现出一定效果。这其中 ESA 理论就是一种影响较为广泛的理论。ESA 理论最早由英国著名的教育家哈默（Harmer）在其著作《怎样教英语》一书中提出。ESA 教学模式的三要素包括：Engage（投入），Study（学习），Activate（活用），它们也是教学理论中不可或缺的组成部分。哈默本人认为，在社会生活中，语言学习者具有下列优势：学习者能广泛地接触语言素材，他们以实际交际为目的学习，学习动力充足，而且能够获得充足的机会进行外语的练习。但在课堂上学习语言则与上述情形有着明显的不同，如果能够为学习者提供适当的条件，他们同样能够学好语言。[①]

尽管我国的大学英语教学的模式与 ESA 的教学模式有着明显的不同，但我们完全能够为学习者创造特定学习环境与适当的学习条件，从而使得学生尽可能地在具体实践中学习外语。以此为目标，可以认为，ESA 教学模式同样可以对大学英语教学产生较大利用价值。如果教师能够在课堂教学实践中设计各种有效、生动的教学方法，创造更为具体的语言环境和实践，选用多种多样的教学素材，激发学生的学习兴趣，学生同样可以全身心地投入到学习过程中。可以认为，ESA 英语教学模式的提出，适应了新时代高校英语教学的教学方法，对我国英语教学实践具有重要的指导意义。

四、大学英语教学方法的发展

在英语教学实践探索与教学理论的推动下，大学英语教学方法也在适应实际需要而不断创新与发展，更为强调为学生创设良好学习氛围，激发学生学习英语的热情，调动他们积极参与的主动性，培养学生自主的学习能力。

在国内传统学习实践中，英语学习本身就缺少有效的学习环境与氛围。在课堂英语教学之外，学生很难接触到真正的英语学习环境。为了能够给学生更多的锻炼机会，教

① 哈默：《怎样教英语》，北京：外语教学与研究出版社，2000 年。

师在具体的教学课堂上为学生创设良好的学习氛围就显得尤为必要：一方面，学生在兴趣的指引下学到的英语会更加准确、完整、规范，这就需要学校要为学生创造一个生动逼真的英语环境，激发学生学习英语的兴趣；另一方面，在有能力和条件允许的情况下，高校可以邀请更多的国外专家学者，通过在学校里定期举办英美历史、文化、教育及生活习惯等方面的讲座，使得学生既能了解西方文化的基础，也能够在地道的英语环境中提高自己的英语学习水平。

对于英语学习者而言，英语学习最为主要的是“学”而不是“教”。在实际的英语教学课堂上，在有教师督促和检查的情况下，绝大多数学生能够坚持完成相关的听力作业，而当缺乏教师监督和监察的课外任务，很多学生往往难以对自己的英语学习有足够的自律和要求。上述普遍现象告诉我们，教师有效的督导检查能够培养学生养成独立自主的学习习惯。学生自主学习能力的培养，能够让学生依据个人的特长与特点，采用适合自己的学习策略，全面发展自己的语言技能。当他们走出学校后，依旧能够在没有他人督促的情况下，根据自己的学习和工作需要继续提高个人英语水平。

交际教学法也是适应英语学习需求而产生的一种有效的课堂教学实践活动。它是指在培养学生学习技能的同时开展多种多样的课堂实践活动，其目的是给学生提供大量实际、有效的学习机会。英语教材为学生提供了最佳的语言样本，而具备一本较好的英语教材则是交际教学法的运用基础。与此同时，交际教学法还为学生提供了一系列有针对性的课内外实践活动，通过调动他们积极参与的主动性，激发学生学习英语的热情，从而为英语教师的交际活动提供了丰富的素材和施展教学的空间。

第三节　现代信息技术与大学英语课程整合

一、大学英语课程整合的理论基础

信息技术与课程整合是指将信息技术以工具的形式与课程融为一体，从而实现将信息技术融入课程的教学体系之中，使之成为教学工具和认知工具，也是一种重要的教材形态和主要的教学媒体，最终实现培养学生创新意识和能力，提高教学效率的目的。以此为理论基础，信息技术与大学英语课程的整合主要体现在：基于大学英语的教学需要，以现代教育思想为指导，以信息技术为先导，利用互联网共享资源以及多媒体技术和网络通信技术的工具性功能，把信息技术融入大学英语教学中，从而优化教学过程，提高英语教学质量和效率,促进素质教育的全面实施。

大学英语课程整合的理论基础主要为皮亚杰(Piaget)的建构主义学习理论和布鲁纳(Bruner)的认知发现学习理论。

(一)建构主义学习理论

建构主义核心的内容体现在强调学习者的主体作用以及学习的主动性、社会性和情景性。具体来看,建构主义的理论基础主要包括:世界是客观存在的,但每个人能够决定其对世界的理解和意义。个体以自己的经验为基础来建构现实,我们的经验是自己创建的,每个人的经验与信念是不同的,其对外部世界的理解具有差异性。

建构主义学习理论认为,学习者不是被动地接受刺激,而是需要对外部信息进行主动地选择与加工,主动地去建构信息的意义。换言之,学习是学习者构建自己知识的过程。从外部信息来看,其意义并不是由信息本身来决定,而是学习者在新旧经验间反复、双向的作用过程中建构的。建构主义学习理论启示我们,知识不仅仅是通过教师传授获得的,而是学习者在特定的社会文化背景下,借助于他人的帮助,利用必要的学习资源,通过意义建构的方式获得的。对于学习者而言,知识的增加更多地体现在新旧知识冲突所引发的观念和结构的重组。

简言之,建构主义学习理论强调学习者的主体作用,重视学习环境的促进作用,坚持学习是由简单到复杂的意义建构,注重学生与情境的合作关系。学习是在一定情境下发生的,只有在真实世界的情境中学习才能够更有效。

(二)认知发现学习理论

美国著名教育心理学专家布鲁纳提出的认知发现学习理论同样对国内外教学产生了巨大的影响。该理论认为,认知结构是反映事物之间稳定联系的内部认知系统。作为感知和概括新事物的一般方式,认知结构是在以往经验的基础上形成,并在学习过程中不断变动。其形成又是进一步学习和理解新知识的重要内部因素和基础。认知结构学习的实质在于主动形成认知结构。

布鲁纳的理论强调学生学习的主动性,重视认知结构、内在动机等因素在学习过程中的作用。学生不是被动的、消极的接受者,而是主动的、积极的知识探究者。从学习目的来看,学生需要参与到建立学科的知识体系的过程中,需要积极地参与到学习过程中来,真正的学习来自于个人的发现。从教学过程来看,学生是一个积极的探究者,教师的作用不是提供现成的知识,而是创设一种学生能够独立探究的情境。这就要求教师在教学过程中既要注重知识的理解,又要关注学生能力的培养。

综上所述,无论是建构主义学习理论还是认知发现学习理论,二者都强调调动学生在学习过程中的主动性,认可情景在学生学习过程中的重要性。对于现代信息技术而言,其在大学英语教学中所能够发挥的功能完全符合上述两种学习理论的要求。这就使我们确认现代信息技术与大学英语课程的整合具有一定的理论基础。[①]

二、课程整合的条件与支持

现代信息技术与大学英语的课程整合既需要学习资源的共享和相关技术支持,更需要教师主导地位和学生主体地位理念的确立。

(一)教师的主导地位

在信息技术学习环境下,教师的角色体现在:一方面是教学情境的创设者和学生学习的指导者;另一方面又是学习工具运用的帮助者和协作学习的组织者。信息技术学习环境下,多媒体和网络资源成为重要内容,教师必须发挥自己的主导作用。

首先,教师需要在教学情境创设中激发学生学习兴趣。教学实施过程中,方式多样的情境创设具有重要作用。其目的在于增强情感的作用,激发学生的兴趣,提高学习的针对性和有效性。从具体形式来看,适合教学内容的多媒体素材能够辅助教学情境的创设,教师的语言、生动的案例也能够提升情境创设,从而激发学生的想象。

其次,教师需要注重教学活动的实际效果。教学活动的设计离不开教学目标的指导,应该有针对性的根据教学目标予以组织和进行,并围绕教学重点、难点实施。此外,教师还应该激发教学活动中学生的学习兴趣,从而达到符合教学目标的教学效果。

再次,教师需要注重教学中对学生学习的评价。教学评价在很大程度上影响着教学活动的实际效果,其目的既要全面了解学生的学习状况,也有助于学生发现自身的学习问题。这就需要将定性评价和定量评价相结合,加强形成性评价。与此同时,作为学生成绩评价的重要部分,也要做到教师评价、学生评价以及学生之间的互评相结合。

最后,教师需要注重引导学生思想道德素质。尽管大学生已经在一定程度上形成了个人的人生观、世界观、价值观。但这一年龄段的学生在思想道德方面仍然具有很大的可塑性,教师在教学活动中通过积极的引导,有助于帮助青年大学生形成更为积极向上的价值观。通过教师的日常教学及自身行为的潜移默化,最终完成教育立德树人的根本任务。

(二)学生的主体地位

课程整合中学生主体地位主要体现在学生信息素养、思维方式以及协作学习精神的

---

① 陆向鹏:《浅谈现代信息技术与大学英语课程整合》,《吉林省教育学院学报》2010年第6期。

培养上。

对于心智相对成熟、自律性较强的大学生而言，网络既能够成为其聊天、娱乐的手段，更是其学习、沟通的重要工具。然而，也有大量学生尚难以有效、合理利用网络资源。这就要求教师注重培养学生通过网络查找学习资料、搜索有价值的信息资源的能力。

学生思维方式的培养对于学生有效获取信息、理性思考以及有效解决问题具有重要作用。信息时代的到来，在给予我们大量有用信息和资源的同时，也包含了一些片面、虚假的内容，如何引导学生客观分析、理性思考，不仅仅对于其学习具有重要影响，也影响着学生未来的人生。

学生能否具有良好的协作学习精神同样在一定程度上影响着其学习效率和效果。它要求学生能够有效沟通、相互合作，在特定的学习任务中共同完成各自的任务。因此，在大部分课堂教学中，学生多采用分组学习的形式分工合作。培养学生协作学习要注意任务分工明确，学生交流要充分达成共识，而非个人的观点。①

（三）学习资源的共享

教学活动中，网络教学资源尽管有着重要作用，但其并非唯一的教学资源。其中还包括图书、影视、会议、广告等教学资源。从信息技术教学资源来看，它既包括课堂教学资源，也包括课外学习资源。这就要求教师在教学活动中应该全方位利用多种资源，不能仅局限于网络资源，只有全面、优质的教学资源，才能帮助学生全面了解学习内容，拓展学习视野，开展富有成效的学习。

一个普遍的事实是，很多高校的优秀教学资源并没有实现共享，重复建设、开发教学资源的现象依旧较为常见。教学资源的高效利用意味着高校特别是教师需要更为开放的心态，通过多种协作机制的创设，实现资源特别是优质资源的共享。此外，在网络环境下进行教学时，教师需要先做好资源的甄别工作，对与教学内容相关的资源也要进行分类，注意突出学习主题，从而避免学生在无关资源上浪费时间，提高学习效率。

（四）技术的支持

在多媒体信息技术环境下，技术对于教师的教学工作具有重要支撑作用。然而，现代信息技术与大学英语课程的整合并不意味着教师过度依赖技术，只有结合教学目标与任务的信息化教学，才能有效发挥技术的支持作用。这就要求，教学需要积极学习新的信息技术，对于常见问题与故障能够自主解决，具有一定的技术应变能力。从高校教学管理角度看，学校在购置相关硬件与软件时，既要通过相关培训提升教师应用能力，也要

---

① 邵琳娜:《信息技术与大学英语课程整合》,《重庆科技学院学报》(社会科学版)2012 年第 6 期。

考虑技术组合是否得当、教学应用程度是否合适以及教师是否了解该项技术的优缺点等，从而做到教学效果最优化。

第四节 现代信息技术在大学英语教学中的应用与影响

一、大学英语教学中信息技术的应用领域

大学英语教学中信息技术的应用主要体现在课程设置、教学模式、教学评估、教学管理四个方面。

（一）课程设置

不同高校在自己的办学历史中都形成了自己的办学特点与学科优势，从大学英语的课程要求来看，各高校应该基于自身特点以及师资、软硬件配套现状来设计出具有自身特色的大学英语课程体系。听、说是构成语言能力的技能部分，是完全内化后语言技能的显性体现。在课程教学环节，各类英语课程都需要充分考虑对于听、说能力的培养。众所周知，国内高校英语教师大部分都是我们自己培养的，与以英语为本族语的语言输出者创造的听力环境相比，本土英语教师讲授所创造的语言听力环境具有天然的弱势。这就决定了师生之间以及学生之间的英语交流会受到范例不足导致语音不标准，或者语用不得体的现象发生。基于上述现状，为了提高学生的听、说能力，各高校在课程设置方面，可以大量使用先进的信息技术，相对弱化教师讲授所占的比重，尽可能的营造真实的听、说环境，从而在一定程度上弥补现有的不足。

（二）教学模式

长期以来，单一的教师讲授为主的教学模式一直占据主导地位，而大力倡导以现代信息技术和网络技术为依托，采用课堂和基于计算机的两种教学模式则成为新时期高等教育的重要特点和要求。从两种不同教学模式的特点来看，课堂教学模式相对适合学生读、写、译三种技能的培养和提高，而基于计算机的教学模式则更利于逐步培养学生的听、说、读、写、译五项技能。进一步来看，基于计算机的教学模式可以直接作用于听、说两种技能，同时也能够为读、写、译三种技能创造信息化环境。这就使得英语学习者既能提高语言文化知识技能，也能够有助于全方位培养学生适应信息时代的学习和工作能力，也有研究者主张混合计算机和课堂两种教学模式，它需要建立在硬件教育资源充分

配置的条件与支撑上,通过多元融合的教学模式,能够确保在不受时间和空间限制的前提下,对英语听、说、读、写、译五项技能的立体化教学。

(三)教学评估

教学评估既是检验教学质量、获取反馈信息的重要手段,也能够在一定程度上改善教学方法,调整教学策略,提高教学水平。从评估对象来看,它既包括学生的学习状况,又包括对教师的教学质量。从学生的维度而言,在教学评估中信息技术比较适用于对学生学习的形成性评估。

在计算机和课堂的教学模式中,综合完善的教学管理软件和流畅开放的计算机网络有助于实时形成大学生自主学习阶段的监控,全面记录学生自主学习,及时建立学习档案,从而为教师提供动态客观的第三方监控,最终形成评估结论。在对教师的评估以及对学生的终结性评估中,信息技术同样能够建立完备的评估结论档案体系,乃至大大便利于语言教育研究者和教育行政管理者,最终促进行政管理和教学实践的互补协调。

(四)教学管理

教学管理工作贯穿于大学英语教学的全部过程。基于计算机和网络的大学英语教学及管理软件能够对于全部教学和管理中形成的文件信息自动归类和建档,有助于相关责任主体和学习主体不受时空限制地随时查阅。

从英语教师方面看,在基于计算机和局域网的学生自主学习和教师讲授中,他们不需要亲身到学生中间去进行观察或管理。这样一方面降低了教师作为观察者对学生心理状态的干扰,另一方面教师又可以实现对学习全程实时、客观与动态的记录。在基于因特网的远程学习和第二课堂中,信息技术更是能够发挥自身便捷的管理功能,无论是在线互动、信息传输还是收发作业、学习效果反馈等,都可以通过网络课程软件及时、便捷地完成,并且教学管理者同样也可以通过信息技术实现对教师的在线培训,提高教学团队的整体水平。

二、大学英语教学中信息技术应用的支撑

(一)信息化教学理念

信息技术与大学英语教学的整合既需要教学方法和教学手段的创新,更需要教学理念的转变。建构主义学习理论以及认知发现学习理论启示我们,作为知识的讲授者和传播者,教师传授知识的根本目的在于培养学生掌握新知识、新技能,为社会培育更多的新型人才,促进社会的发展。大学英语"教学效果应以学生的学习效果为依据,而学习效果

在很大程度上取决于学生主体性的充分发挥。主体性要求教师把学习的主动权交给学生，给他们自主学习的时间与空间”。[①] 我们必须秉持学生是大学英语教学中的对象和主体的理念，摒弃以教师为中心、单纯传授语言知识与技能的传统思想，最终树立以学生为中心的教学理念，在传授语言知识与技能的基础上，注重培养学生的语言实际应用能力和自主学习能力。

（二）信息化教学环境

信息化教学环境建设包括硬件与软件两个方面。从硬件环境建设方面看，它需要高校建设计算机辅助教学语言实验室，配备必要的计算机，架设局域网络，开放与因特网的连接端口。这些要素是信息技术应用于大学英语教学的物质基础。进一步来看，高校在架构上述硬件设备设施时需要处理好办学特点、投资成本以及利用效率三方面的关系。在投入的设计论证阶段，应当开展专家论证、教师调研等活动，通过借鉴其他高校的经验，设计出既符合本校办学特点，又能够节约资金的最大功效的硬件体系。

从软件环境建设方面看，信息技术应用于大学英语教学的技术保障需要开发和建设各种基于计算机和网络的教学软件与网络课程。软环境建设既可以采用独立软件开发，也可以通过开放式软件采购。独立软件开发能充分考虑到各高校的硬件现状以及教师的使用习惯，不会耗费大量的资金，适用于统筹有自己办学特色的各种硬件设备。开放式软件多由国家教育经费支持，综合全国专家和技术人员共同设计配套开发，依靠某个高校内的成员是很难完成的，所以其采购对象主要指与教材相匹配的各种网络课程、教学软件以及与之相适应的评估和管理软件。

（三）信息化教学管理团队

信息技术得以在大学英语教学中高效应用的重要环节是构建合理、高效的教学团队。具体来看，它包括以下几个方面的工作：首先，团队成员的构建，需要组建人员结构合理的教学管理团队，包括行政管理人员和工程技术人员，并且要充分考虑教师教辅人数和学生人数的比例，教师团队既需要兼顾年龄、职称结构，也要强调成员的信息化操作技能等因素；其次，团队成员的职能分工，教师、教辅及管理人员的职能分工应与特定的教学目标相匹配；最后，建立团队运行管理机制，具体包括日常沟通机制、应急处理机制、奖惩机制以及准入和准出机制等。

（四）信息化教学实践

信息技术与大学英语课程整合的最终目标是将其应用于教学实践中，从而使其服务

---

① 谢徐萍、仇俐萍、张苹：《基于多媒体和网络教学的大学英语教师专业化：建构主义理论视角的再思考》，《中国教育信息化》2010年第5期。

于大学英语教学实践，改变传统教学模式，培养学生的自主学习能力，提高学生的综合文化素养。从具体的教学过程来看：首先，需要教学团队在课程设置时充分考虑现有的信息化软硬件环境，设计出符合自己办学特点的英语课程体系；其次，教师需要能够充分利用现代信息技术，改进以教师讲授为主的单一教学模式，采用基于计算机和课堂的英语教学模式，在教学过程中调动学生的积极性，体现出英语教学的实用性、知识性和趣味性，从根本上体现出学生的主体地位和教师的主导作用；再次，教学管理工作中，可以逐步尝试开发综合性的教学管理软件，用于各类教管文件的存档管理、教学活动的动态监控以及教师的在线培训等[①]；最后，加大对现代信息技术在教学评估中的使用，可以逐步提升以此为依托的评估结果的比重。

三、现代信息技术对大学英语教学的影响

以互联网技术为代表的现代信息技术为大学生创造了一个与传统教学环节截然不同的英语学习环境。网络技术在为学生提供丰富学习资源和技术设备的同时，也让学生在英语课堂内外能够利用网络进行更有效的自主学习。学生能够依据个人学习时间与进度，自由规划自己的学习内容，制订自己的学习计划和学习进度，丰富、便捷的网络资源使得外语学习不再局限于文本资料，还能够自主选择图、文、声、像并茂的英语网络学习资料。与传统教学模式相比，现代信息技术更为凸显出学生的主体性，丰富了语言学习的文化背景，创设出更为真实的语言环境，使得学生的作业更为丰富多样。

（一）凸显学生主体地位

如前所述，建构主义认为，知识往往不是经由教师传授到学生的，而是学习者在特定的社会文化背景下，利用各种学习资源，借助其他人的帮助，通过意义建构的方式获得的，换言之，学习是学习者构建自己知识的过程。建构主义提倡在教师指导下的以学习者为中心的学习，充分发挥教师的指导作用，凸显学习者的认知主体作用。学生是信息加工的主体，是意义的主动建构者，而不是外部刺激的被动接受器。[②]

与建构主义相契合的是现代信息技术辅助下的大学英语教学同样强调学生在学习过程中的主动性、积极性与创造性。具体来看，多媒体网络技术在很大程度上突破了传统教学中的时空限制，使得学生学习知识的途径和方式更为灵活多样。学生能够根据自己的语言水平、个性特点和学习兴趣来选择网上或教学课件中的不同内容。学生的交流

① 赵桂英、冯彦：《信息技术在大学英语教学中的应用》，《情报科学》2012 年第 6 期。

② 何克抗：《现代教育技术与创新人才培养》，《现代远程教育研究》2003 年第 1 期。

方式更为灵活便捷,即可以和教师及其他同学一对一的网络交流,也可以通过电子邮件等方式间接交流。现代信息技术辅助下的大学英语教学照顾了学生的个别差异与个性需求,突出了学生学习的自主性,从根本上改变了传统教学中教师的中心地位,与传统教学模式相比,学生真正成为课堂的主角,老师只是引导者和组织者。

毋庸讳言,新的教学模式不可能替代教师的作用,教师用生动的语言、形象的比喻、得体的肢体语言与学生交流所营造出的课堂气氛依旧是英语语言教学中必不可少的环节,这也要求我们将传统的教学手段与多媒体教学相结合。

(二)丰富学生文化背景

作为语言教学中的一项基本内容,文化背景知识对于语言学习和交际必不可少,具有重要作用。现代信息技术辅助下的大学英语教学中,教师能够将丰富的网络资源通过多媒体课件的形式生动形象地展示母语国家的风土人情与历史文化,这是传统教学模式难以达到的效果。与此同时,还能够激发学生的学习热情和求知欲望,调动学生学习的主动性,拓展和深化教学内容,例如,教师利用视频展示美国小学生在校学习家务知识的场景,通过教师对相关背景的介绍,学生能够全面、真实地了解美国教育理念与方式,与单纯的语言介绍相比,学生能够在了解美国文化的基础上,加深对课堂内容的理解。

(三)创设语言环境

建构主义重点强调学习者学习环境的作用,并将学习环境的四大要素概括为"情景""合作""会话"和"意义建构"四个方面。大学外语教学良好效果的实现离不开真实、活泼的教学环境,需要教师积极创造出教与学双方的积极状态,实现课堂教学情景化。进一步来看,学生英语交际能力和技能的获得同样离不开大量反复的语言实践,这同样需要真实的语言情景。现代信息技术条件下,多媒体和网络技术能够使教学内容声情并茂,通过语言、文字、图像、动画、音乐以及色彩等要素使学生身临其境地了解教学内容,充分激发学生的学习兴趣。

从教学形式上看,学生也能够通过虚拟课堂讨论、角色扮演等方式主动参与教学过程;在宽松、自由的教学氛围中取得良好的教学效果,使英语教学达到较好的应用目的。

(四)丰富作业形式

作为信息加工与知识构建的工具,信息技术能够实现对大量知识进行内化,在内化的过程中同时进行通信和交流。在对信息进行快速提取的过程中,学习者可以对信息进行重整、加工和再利用,进一步培养他们获取、分析、加工、利用信息的多种能力。对于教师而言,他们不但可以利用多种网络通信工具布置作业,将大量的学习资源及时地传达到学生,而且可以在线解答学生提出的问题。

此外,教师还可以利用QQ群、微信群等工具开展专题讨论,解答问题。从学生角度看,学生能够通过网络通信工具提交作业,提问问题,大大便利了师生之间的交流。当然,需要引起教师重视的是,对于学生的问题能否及时反馈也在一定程度上影响着教学效果。在课程学习之外,学生还能够通过多种网络工具自由地寻找学习伙伴,进一步提升自己的英语表达能力,更为重要的是,这样的学习方式可以让学生能够根据自己学习情况和时间自行安排,自我控制自己的学习进程。

(五)促进师生交流,强化自主学习动机

在传统的教学模式中,教师在课堂教学之外能够与学生进行交流的时间和空间有限,学生往往很难有机会和老师进行充分的交流。在现代信息技术的辅助下,教师和学生具有便捷、多样的交流平台,而且能够突破时间和地点的限制。课堂教学之外,教师与学生能够通过多种网络平台进行交流,教师可以随时掌握了解学生的学习进度与学习质量,对学生提出个性化的建议,有效地成为学生自主学习的辅助者。从学生的角度而言,与教师大量的交流即能够及时地解决学习中具体问题,也能够增加他们与老师之间的感情,使得师生关系更为融洽,有助于大大提高学习兴趣,强化学生学习英语的动机。

第二章

教学模式与方法

第一节　“产出导向法”大学英语教学实践

《国家中长期教育改革和发展规划纲要(2010—2020年)》明确指出:“把改革创新作为教育发展的强大动力。教育要发展,根本靠改革。”该纲要提出鼓励地方和学校大胆探索和创新,创新人才培养体制,改革教学内容、方法、手段,建设现代学校制度。鉴于基础教育阶段学生英语水平的提高和学习者对提升语言应用能力的迫切要求,结合大学英语教学实际,本研究以“产出导向法”理论为指导,以提高学习者的语言应用能力为目标,通过改革课程设置、提升教学方法、建立课堂与课外相结合的教学空间、优化教学评价等措施革新大学英语教学模式。

一、理论和现实依据

从英语的学科特点来说,听、说、读、写、译是英语学习的五项基本技能。听和读是从外部获取信息的过程,属于语言输入;说和写是从内部表达出信息,属于语言输出;翻译兼具输入和输出特点。语言输出假设是斯温(Swain)针对美国语言学家克拉申(Krashen)的“语言输入假设”提出的概念。按照Krashen的“输入假设”,学习者需要有略高于其现有语言知识水平的语言输入(i+1)才有二语习得的产生①。Swain认为成功的二语习得者既需要可理解的输入,更需要可理解的输出;虽然学生的听力和阅读理解水平较理想,但笔头和口头的表达能力却未能达到期望目标,因此输出在二语习得中非常

① 王守仁、文秋芳、金艳:《全国高校大学英语教学发展研究:理论与实践》,外语教学与研究出版社,2014,第1页。

重要。Swain 认为输出对语言习得的作用主要表现在三方面:注意/触发功能(the noticing / triggering function)、假设验证功能(the hypothesis function)和元语言功能(the metalinguistic function)[①]。其他学者如 Nunan 与 Harmer 也认为输出活动在掌握英语知识及技能的过程中非常重要。

我国学者文秋芳根据 Swain 理论和中国语言学习者的现状提出了“输出驱动假设”(output-driven hypothesis)(2007—2013)、“输出驱动—输入促成假设”,后来其研究团队经过多轮循环互动最终构建和修订有中国特色的 POA 理论体系(图 2.1)。输出驱动假设关注的是对中高级外语学习者的教学效率问题。该理论认为输出是语言习得的动力,又是语言习得的目标。强调“学中用,用中学,边学边用,学用无缝对接[②]”。POA 最初针对的是英语专业技能课程改革,2013 年起拓展到大学英语课程教学。

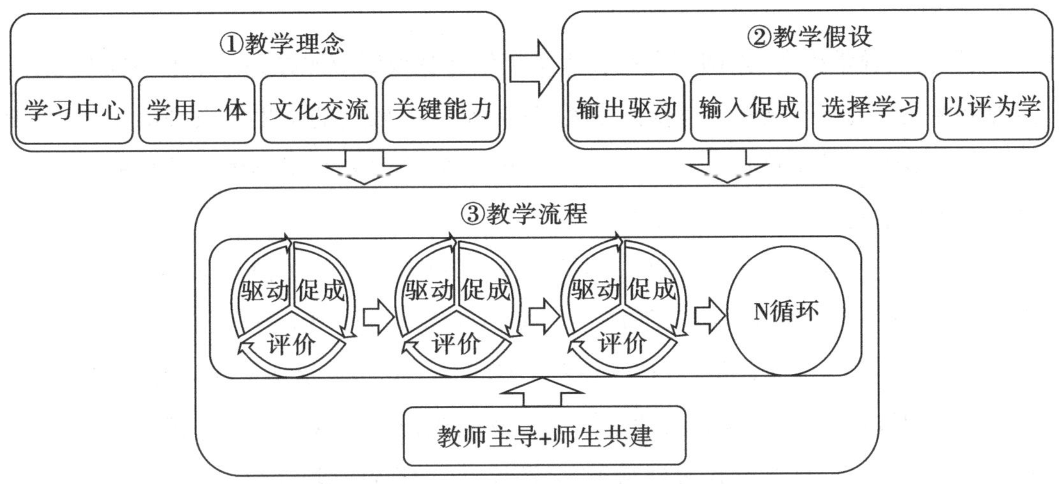

图 2.1 第 5 阶段再修订的 POA 理论体系 [③]

《大学英语教学指南》多次强调大学英语的应用目标,“培养学生的英语应用能力……使他们在学习、生活、社会交往和未来工作中能够有效地使用英语,满足国家、社会、学校和个人发展的需要”;“大学英语教学以英语的实际使用为导向,以培养学生的英语应用能力为重点。英语应用能力是指用英语在学习、生活和未来工作中进行沟通、交流的能力”。

虽然大学英语教学取得一定成就,但随着时代的发展,学生对输出能力的愿望更加

① 王荣英:《大学英语输出教学论》,上海交通大学出版社,2008,第 25 页。

② 文秋芳:《“产出导向法”与对外汉语教学》,《世界汉语教学》2018 年第 3 期。

③ 文秋芳:《“产出导向法”与对外汉语教学》,《世界汉语教学》2018 年第 3 期。

强烈。笔者连续几年在对学生所做的问卷中关于"我最想提高的英语技能""口语"都排在前列,从学生完成写作任务的情况来看写作也不尽如人意。教学中输入和输出不匹配、教学投入和产出不成比例的现象只有通过进一步深化大学英语教学改革来改变。

作为具有一定英语基础的非英语专业大学生需要用产出促输入,加强对语言的运用能力。以输出为驱动的大学英语教学设计在一定程度上能够解决"哑巴"英语,即学生不敢张口读、不愿说的状况。从未来继续深造和就业的角度考虑,大学生急需要培养产出能力,这有助于其了解各自专业领域的最新动态,提高其口头和笔头表达能力,更好地适应专业和职业发展的需要。

二、实施方案

《大学英语教学指南》强调,"各高校大学英语课程设置应照顾到学生的不同起点,充分体现个性化。既要照顾起点较低的学生,又要给起点较高的学生有发展的空间;既要保证学生在整个大学期间的英语语言水平稳步提高,又要有利于学生个性化的学习,以满足他们各自不同的专业和个人发展的需要"。

本研究以文秋芳最新修订的 POA 体系为理论基础,以大学英语教学改革为平台,进一步优化教学模式,主要开展以下研究工作:研讨并确立以产出为导向的教学理念和"输出驱动—输入促成—多元评价"三位一体的教学流程;根据教学理念优化设置课程体系并选择合适的教材;探索适合驱动学生输出以及促成输入的教学方法和实践活动体系;构建以"输出为驱动"的多元评价机制和"以评促学"的良性循环体系。

(一)实验对象

本研究实验对象为山东某综合性大学。该校一贯重视大学英语教学,紧跟时代发展、勇于开拓,曾是全国 180 所大学英语教学改革试点和 31 所教学改革示范点单位之一,且获得国家教学成果奖二等奖,具备深厚的教学改革基础和丰富的经验。随着基础教育阶段英语教学水平的提高和大学生对提升输出能力的要求,该校大学外语教育学院紧跟改革步伐,结合分级教学实际,以语言输出为驱动,以"产出导向法"(product-oriented approach,以下简称 POA)理论为指导,以提高学习者的语言输出能力、即应用能力为目标,探索符合社会发展和学生需求的新的教学模式,该探索契合学校"因材施教、分类培养"高素质应用型人才教育体系的构建。

本着"因材施教"和有利于"个性化学习"的原则,本校近些年一直采用分级教学模式,即根据学生的高考成绩和入学后的测试成绩,划分成不同教学班:A 班和 B 班。A 班是英语水平较好的学生,B 班为英语水平相对较低的学生。"POA"理论的提出者文秋芳指出该方法主要针对的是中高级外语学习者。因为如果没有一定的知识积累即良好的语言基础,一味强调输出则无从谈起和实施。因此本校的教学改革主要在英语水平较好的 A 班进行;在之前分级教学实践基础上缩小班级规模:改革之前的 A 班每班 80 人左右,改革之后从 2016 级新生开始优中选优,每班 30 人。

(二)课程体系

与之前的分级教学 A、B 班采用相同教材和相同课型(读写译每周 2 课时+视听说平均每周 1 课时)相比,改革之后的课程有很大变化。根据产出为导向的教学理念,基本建立了"通用英语+学术英语"的课程体系,体现了"基础+提高+发展"的学生培养模式。通用英语又分为读写课、视听说和口语课。口语课由外教授课,每周一个学时,旨在为学生提供真实的交际场景,增强语言驱动,提高语言产出的能力。除课堂教学外,学生课下每周还需完成至少一个课时的自主上机学习,并且为满足学生多样化的需求,还给学生开设了商务英语、旅游英语、中西文化对比等素质选修课。

(三)教学实践

1. 以"产出"为导向的课堂活动

传统英语教学存在重输入、轻输出问题,即重视阅读、听力教学、产出性活动较少,教学方法以讲单词、语法、翻译课文法为主。这样的课堂难以带动学生的学习兴趣,也不利于激发其参与的动力,而以"输出"为驱动的课堂将教学重心向"重输出,促输入"转变,能够激励学生主动学习,实现特定输出的教学目标,使其"学用结合"。

课堂教学遵循"教师主导、学生主体"的原则,教师积极探索促进语言输出的教学方法,如设计个人及小组语言输出任务。教师根据不同内容,在教学前、中或后以任务组织教学,用参与、合作、交流的学习方式,发挥学生的积极性、引导其充分利用学习资源习得和应用语言,激发学生的学习兴趣,调动其参与性,学生语言应用能力、团队合作意识也在无形中得到增强。教师还注重设置与课文相关的产出任务,如在进行课文 *How to Make a Headline* 学习时,老师安排学生的任务是写校园新闻标题;在学习 *Three Thank-you Letters* 时,设置的任务是"给父母、老师或朋友写感谢信"。

教师组织的主要课堂活动和任务(图 2.2),其他活动还有课堂演讲、新闻播报、话剧表演、唱英文歌曲、故事接龙、名篇翻译、猜词游戏、角色扮演等。

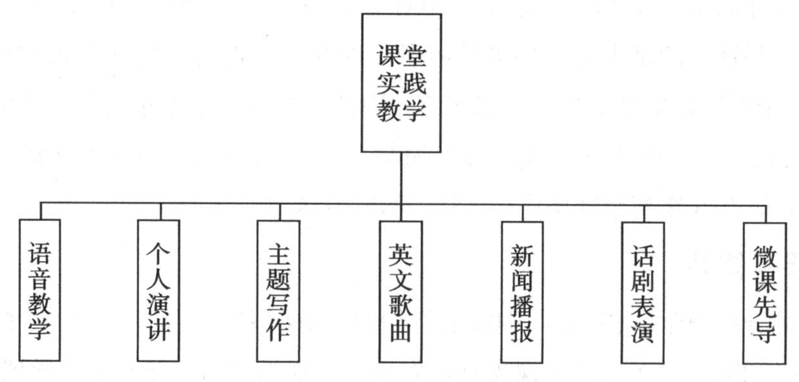

图2.2 大学英语课堂实践教学活动

(1)课堂个人演讲(students' show time)

活动目标:激发学生开口说英语的勇气和自信,锻炼他们的口语表达能力和当众演讲能力。

具体做法:一般每次一到两名同学。演讲任务采用主动报名、提前预订的方式(prepared speech),时间每人3~5分钟;演讲内容和方式自定。刚开始的时候,尤其是对起始阶段的学生,可以给他们一个适应的过程,让他们准备短小的故事,对于程度低的学生更可以允许他们先由朗读开始。在经过一段时间的适应之后,学生的能力有所提高,教师也可相应增加要求,提高难度,要求学生必须脱稿演讲,段落篇幅加长,更可进一步对于问题的质量提出要求,不仅有对于文章基本信息的提问,还要有讨论题或者是开放式问题,这对于出题的学生和回答的学生都是一种挑战。学生选取诗歌、故事、名人名言、某一人物或任何感兴趣的内容等进行演讲,可借助Word或PPT、图片、音频等辅助材料。

(2)话剧表演(English drama)

活动目标:角色扮演,增强学生英语学习的兴趣,提高其英语运用能力,培养小组团队合作精神。

具体做法:主要在口语课上进行,以小组为单位进行表演。故事可选自课本文章或经典剧本。教师提前准备故事剧本上传至班级学习群,学生也可自己找感兴趣的剧本或自行改变;表演可借助PPT、图片、音频、道具等辅助材料,也可以进行外景拍摄课上播放。本活动特别能体现学生的创意和创造性。

(3)小组新闻报道(news report)

活动目标:关注新闻,拓宽视野,为四级新闻听力做准备。

具体做法:一般在读写译和口语课上进行,以小组为单位进行。教师推荐英文网站如 http://www.chinadaily.com.cn(中国日报)、http://english.cri.cn/(国际在线)、www.51voa.com(VOA 新闻)……学生播报原汁原味的新闻即时事件,也可以撰写身边的事情(要求翻译得当、语法正确);每次两个小组,要求新闻播报之后提问两个问题并总结新闻中出现的重点词汇。

(4)唱英文歌曲(sing English songs)

活动目标:一般在第四学期进行,学生都结束了四级考试,本学期考试压力减少,让学生挑战自我,挖掘潜力,增强趣味性。

具体做法:以小组为单位,每次两个小组。

(5)故事接龙(story-telling)

教学目标:在一定的语境下,用英语进行故事接龙,训练学生的听力能力、思维能力、逻辑能力,充分调动学生说英语的积极性,激发他们的想象力、创造力和口头表达能力。

具体做法:开头两句话已给出,展开丰富的联想力,一人一句话,大家一起将故事叙述完整,思维要敏捷,因为几乎没有思考的时间。在你的伙伴戛然而止的间隙,你的故事必须开始。你的思维是流淌的,线路是诡异的,内容是搞笑的。如:A farmer who lived in a small village suffered from a severe pain in his chest. This never seemed to get any better……(有一个住在小乡村的农民,他的胸口很痛,而且从未见有什么起色……)

(6)猜词游戏(words guessing)

活动目标:锻炼学生用英语描述事物的能力,增强学习英语的趣味性。

活动说明:每组选出一位代表,背对屏幕,其余同学通过动作、语言、神态等把单词或短语的意思表达出来,每人限时两分钟,猜对一词得一分,猜错一词扣一分,违规者取消分数,以猜中单词和短语的多少,取前三组获胜奖励。

(7)大声朗读(read aloud)

活动目标:营造开口说英语气氛,提高学生英语朗读和表达能力。

活动说明:教师要加强领读单词和常见句型;注重调动课堂气氛,可让学生全体起立大声朗读。如在口语课《American Dream & Chinese Dream》的做法:①以 Abraham Lincoln 的话引出本次主题“梦想”;②结合图片讨论 What is “American Dream”? ③朗读 Marin Luther King 的“I have a dream”④视听练习,结合新闻节目讨论 What is “ Chinese Dream”? ⑤对比分析美国梦和中国梦⑥引导学生思考自己的梦想(What is your “Chinese Dream”? And what should you do to make your dreams come true?)

(8)名篇翻译(translation)

活动目标:通过翻译和复述,提高语言输出能力。

活动说明:举例带领学生在课堂翻译名篇短文,如 *The Given Tree*、*Youth*,每篇以句子为单位再划分为小部分，尽可能使更多的学生参与进来，同时引导学生结合自身生活做人文性思考。为了锻炼学生口语表达能力，翻译之后可让学生进行故事复述(Retelling)。

值得说明的是，学生在尝试完成以上这些产出活动时，教师会充分发挥脚手架的作用，及时指出任务完成的重点、难点，引导学生积极寻找可输入材料完善输出，并有重点地给出评价和指导，让学生的产出更有质量。

2. 丰富的第二课堂实践活动

除了课堂活动，学院以学生为中心建立了和课堂相结合的开放、灵活的教学活动体系，充分开展形式多样的第二课堂活动(图2.3)。如建立了英语竞赛优秀选手训练营，建立了外教工作室，制定了 Office Hour，建立了学生英语学习社区，创建了“Let' s Talk”文化系列讲座，举办了“A Cup of Coffee, A piece of Story”咖啡时空等活动引导学生在学习中阅读经典，提高语言能力，提升文化修养。

此外，以现代多媒体和网络技术为依托，加强与学生的交流，发挥学生的积极性，成立以各英语班班长为成员的学生联系处，对访谈的学生也成立联系组，持续关注学生的学科成长和建议。学院还通过公众号“I Learn College English”、QQ 班级群等方式举办“配音秀场”“阅读分享”“我音分享”等活动，让学生敢于开口和展示自我风采，鼓励学生积极参加写作、阅读等大赛，依据学院现场活动和网络赛场相结合的方式举办。通过这些第二课堂平台，形成了良好的英语学习氛围，有利于学生英语语言能力和综合应用能力的提升。

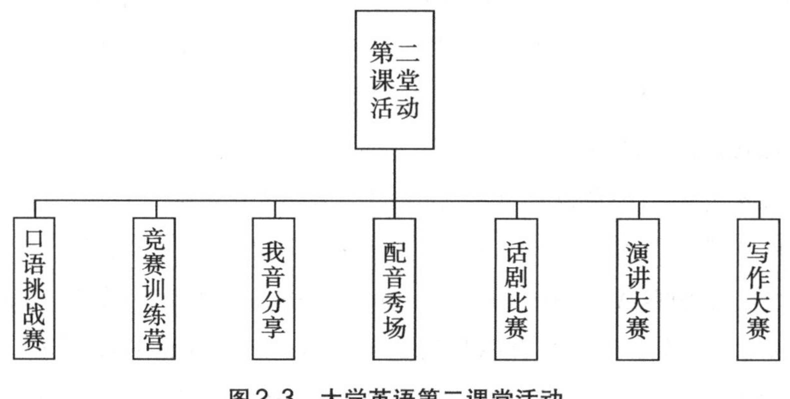

图2.3 大学英语第二课堂活动

3. 课程评估

众所周知教学目标和课程设置的变化必然带来评价机制的改革：一是评价方式多元化，增加了师生共评、学生互评等方式，全方位地给予学生真实的反馈；二是即时评价和延时评价相结合，在教学实践中突出形成性评价，例如改革后仅课堂表现就占20%，旨在鼓励学生积极参与，主动产出，通过加分机制激发学生参与第二课堂活动的积极性，还可在学期末增加能力测试，作为终结性评价的补充考量；三是评价内容科学细化，尤其体现在过程性评价中，不只是给学生提供笼统的印象式的评价，而是通过细化评价内容，在总体评价上有所侧重，突出重点，比如口语表达的某一个发音，写作表达中的某个句型的使用。这样通过以上举措体现以评促学的理念，将评价贯穿在整个教学流程中，关注学生输出和产出的变化过程，从而提高学生对语言的综合应用能力。

三、成效与反思

为了解学生的英语学习状况，进一步提升教学效果，项目组定期对任课教师和教改班（实验班）学生代表进行问卷调查和座谈，了解任课老师和学生的意见和建议，对教学进行反思和调整，尤其在 2018 年 6 月底，项目组对 2016 级和 2017 级教改班（A 班）和对照班（B 班）进行了抽样调查。此次问卷调查总共 1 582 人，其中男生 395 人、占 25%，女生 1187 人、占 75%。其教学班构成情况见表 2.1。

表 2.1　调查对象构成情况

被试构成	2016 级	比例	2017 级	比例
A 班	317	41.6%	258	31.5%
B 班	445	58.4%	562	68.5%
总人数	762		820	

（一）成效

从定量数据和定性访谈等调查结果来看，基于“产出导向法”的教学模式受到学生的欢迎和好评，达到预期教学目标。

1. 提升了以语言输出活动为核心的学习氛围，提高了学生学习英语的兴趣

在问卷调查中，对英语的“感兴趣”和“很感兴趣”的 2016 级和 2017 级教改班学生分别占 92.75% 和 96.9%。学生参与英语实践活动的热情提高，如 Miracle 戏剧社的建立和壮大，成员近 50 人；2018 年 5 月近 2 700 名学生参加了该市首届“外研讯飞”杯 AI 英语口语挑战赛；学生踊跃参加各类英语竞赛，如写作大赛、演讲大赛、阅读大赛等活动，一部分学生脱颖而出、取得佳绩。近几年全国大学生英语竞赛获一等奖和特等奖总人数逐年递增。

2. 教学模式受到学生的肯定，学生对课程的满意度较高

关于2016级A班学生对读写译课程的满意度调查显示，95.27%的学生对课程在“基本满意”及以上，其中“较满意”和“很满意”占68.45%；2017级A班学生对读写译课程的上课模式满意度为98.06%，其中“较满意”和“很满意”的占84.89%。2016级B班和2017级B班满意度分别为90.56%和95.56%，实验班高于对照班(表2.2)。

表2.2 学生对读写译课程的满意度调查结果

读写译满意度	2016级B班	2016级A班	2017级B班	2017级A班
很满意	23.37%	27.76%	32.21%	42.64%
较满意	39.55%	40.69%	41.82%	42.25%
基本满意	27.64%	26.81%	21.53%	13.18%
不满意	7.42%	4.73%	3.91%	1.16%
很不满意	2.02%	0.01%	0.53%	0.77%

关于口语课满意程度调查结果表明，2016级A班94.32%的同学在“基本满意”及以上，2017级A班99.22%的同学在“基本满意”及以上。访谈中，很多学生提到“英语演讲锻炼了口语和自信心”。“英语课活泼有趣”。

3. 学生的各项语言技能得到不同程度提升，语言习得“获得感”得到增强

对进行了两年英语学习的大二学生的调查表明，多数同学在各语言技能方面有不同程度的提高(表2.3)。其中提高较明显的是学术英语和口语水平：表明有提高的分别占85%和69%，主要原因是第四学期的学术英语是面向A班学生的新的课程，学生对该方面的知识从无到有有较大的收获，口语一直是学生亟待提高的方面，通过课上、课下的学习，学生口语能力得到提升。但是，也应当注意到部分学生在听力、写作等方面有“不如高中”的“退步感”，对此应当认真分析原因和给出具体的指导对策。

表2.3 经过两年的学习，学生对各英语技能的提高情况反馈(N=317)

项目	阅读	听力	口语	写作	翻译	学术英语
有很大提高	8.83%	8.2%	10.73%	6.94%	9.15%	18.93%
有一定提高	56.15%	46.06%	58.36%	48.58%	56.15%	66.88%
不清楚	12.93%	14.2%	11.99%	15.77%	11.36%	6.31%
没变化	9.15%	12.62%	11.04%	13.88%	11.67%	3.15%
不如高中	12.93%	18.93%	7.89%	14.83%	11.67%	4.73%

4. 有效地促进了教师教学能力的提升

结合“产出导向法”课程改革，学院定期举办课堂教学专题研讨会，探讨教学方法、教学模式、课堂活动组织等，还通过课堂教学观摩课、示范课、公开课和青年教师点评课等，交流和总结教学经验，提升了大学英语课堂教学质量。学院邀请校内外专家进行示范课和学术讲座，派出骨干教师外出培训和参加会议，开拓教师视野，及时获取了国内外教学前沿信息。在以“产出导向法”“任务教学法”为指导精心备课和参加竞赛活动中，多名教师获奖。如2018年一人获外研社“教学之星”大赛全国总决赛一等奖；2017年一人获校教学观摩竞赛一等奖；2016和2017年四人在该校青年教师教学竞赛中获奖；2016年一人获第七届“外教社杯”全国高校外语教学大赛山东赛区视听说课组二等奖；2015年一人获全国多媒体课件大赛三等奖。

（二）反思和挑战

作为一种尝试，以“产出为导向”的教学体系的建设和实践虽然取得了一定成就，但也面临着一些问题和挑战：

一方面表现在学生方面，即来自不同学院、不同专业之间英语水平的不均衡。部分专业学生英语水平偏弱，有的同学在问卷中谈到全英语课堂不知所云，尤其一开始在外教口语课上“有时听不大懂，会不懂装懂”“跟不上老师节奏”，因此对这些学生而言，教学指令和教学内容就不是“可理解性的输入”，难以保证其课堂输入活动的效果，还有些学生在完成语言产出活动时，不能有意识地将输入内容应用于产出，心中千言万语不知如何表达。此外，因为对学生入学英语水平尚无精细、具体的考察，如何做好高中和大学课程的衔接从而有针对性地开展教学也是一大挑战。

另一方面，从课程设置和师资来看，大部分老师讲授通用英语多年，尽管在学位学习阶段接受过专业英语的教育，但搁置太久，对学术英语和专业英语教学稍有压力，重新讲授备课任务很大；另外因部分教师研修、深造等，有些素质拓展英语课程的延续开设受到影响。当然，随着该校两个学院（大学外语教育学院和外国语学院）的合并和融合，积极探索“公共英语的专业化和专业英语的公共化”将是弥补这一不足的有效途径。

在“产出导向法”理论体系的指导下，经过对两年教学实践的跟踪调查和数据统计，通过改革课程设置、选用合适的教学方法、建立课堂与课外相结合的教学空间、优化教学评价等措施对转变教学观念、增强英语学习氛围、提升教师教学能力和提高教学效果都起到了积极作用。笔者认为该项目在革新大学英语教学模式方面有所突破，并且能实现输入和输出的正确接轨，体现学用一体的原则，有助于提高学习者的语言应用能力。此外，该项目的实施有助于刷新传统的教与学的观念，对提升教学质量、深化教学改革都起到了良好的示范作用。当然,新理念下的大学英语教学也对教师专业素质和业务水平提出了新的挑战,在具体技能提升和评价环节等方面也需要进一步进行探索。

第二节　分级教学调查与分析

分级教学(也称分层教学)是在贯彻分类指导、因材施教原则基础上,按照学生已有的英语水平及其接受英语知识的潜能,将其划分为不同级别,进行不同层次的有针对性的教学,对不同级别的学生制定不同的教学目标、教学方案,采取不同的教学方法进行的教学活动。随着大学英语教学改革的不断深入,很多高校开展分级教学探索和实践。在信息化环境背景下,借助互联网、移动设备、内容丰富的学习资源等支持,这一改革又向纵深方向发展。

一、分级教学依据

(一)理论基础

分级教学在国内外有着坚实的理论基础,主要从教育学、心理学、语言学等角度出发,包括教育学层面的“因材施教”理论、“多元智能”理论、“需求分析”理论和语言学层面的“语言输入假说”理论等。

1.“因材施教”和“多元智能”理论

我国伟大思想家、教育家孔子开创了因材施教的先河。他根据自己的教学经历提出学生之间是有差异的,教学效果提高的前提是要了解学生的特点,教学要依据不同学生的水平,通过不同的教学方法展开有针对性的教学,被朱熹总结为“各因其才,小以小成,大以大成,无弃人也”。苏联教育家苏霍姆林斯基提出依据学习者的年龄和思维特点等分三个渐次深入的阶段进行德育教学①,这是国外最早提出因材施教的理论。因材施教关键在于教师的讲授活动要依据不同学生的认知水平、学习能力和自身潜能等特点进行“量体裁衣”,扬长补短,提高学生学习的信心,激发学生学习的热情,从而促进学生发展;组织学生的学习活动要根据其能力、兴趣等个体情况进行,以帮助其自由的发展。“多元智能”理论也是关注学习者本身的差异性,该理论由加德纳(Gardner)提出,认为学习者

① 苏霍姆林斯基:《苏霍姆林斯基选集》,教育科学出版社,2001。

由于先天资质、成长经历、教育条件等多种因素影响其学习智能是有差异性的，因此，教学中要对学生的个体差异予以关注和认真对待，最终促使每个学生都得到不同程度的提高。①

2.“需求分析”理论

20 世纪 80 年代，哈钦森(Hutchinson)和沃特世(Waters)等西方学者大力倡导需求分析理论并开始运用其到教学中，强调通过访谈、观察、内省等对学生的需求进行研究 。随着学生主体地位的增强，尤其“人本主义”“以学生为中心”等思想的影响，需求分析理论在二语习得相关理论支持下，在外语教学实践中得到广泛应用。该理论最初应用于专门用途英语，后来应用于大学英语分级教学，教师通过需求分析来了解学生的知识渴求、薄弱环节并及时调整教学方法，进行有针对性的教学。

3.“语言输入假说”理论

应用语言学家斯蒂芬·克拉申(Stephen D. Krashen) 提出著名的语言输入假说(i+1)理论，其中“i”为学习者现在的认知水平，“i+1”就是略高于现在的认知水平。Krashen 指出语言习得者只有获得可理解性的语言输入(comprehensible input)时，才能有语言习得，即从“i”发展过渡到“i+1”。从激发学习者兴趣和动机层面来说，语言输入的内容应该有适当的“信息差”，即不能都是习得者容易理解的材料，应有一定的挑战度。该理论主张是语言输入既要符合学习者的学习能力，又要略高于学习者现有的语言能力，因此教师对学生的输入教学时既要考虑学习者的现有水平，又要具有一定的挑战性。②

(二)现实依据

我国幅员辽阔，各地区教育发展极不平衡，各校在办学条件、师资力量、教学质量等方面参差不齐，因此，不同地区学生入学时的外语水平明显存在着差异，尤其随着我国高等教育由精英教育变成大众教育，来自不同地区学生的入学英语水平存在的差异更加明显。此外，近年来，很多高校招收了部分欠发达地区的学生和春季高考生，再加上艺术、体育类专业特长生，这些学生英语基础普遍较差，给英语教学带来了很大困难和挑战。所有学生按同样的内容和进度进行授课，势必存在有些学生“吃不饱”(满足不了知识渴求)、有些“吃不了”(对于教学内容无法消化吸收的现象)，若顾及低水平者，英语程度好的学生觉得进度慢、内容简单、没有挑战性；若以高水平学习者为基础开展教学，基础差的学生则跟不上教学环节、学习很吃力。

对学生进行分级分类教学，因材施教，英语基础较差的学生和较好的学生都能找到

---

① 柯应根:《大学英语分级教学改革历程及问题研究》，《江苏高教》2016 年第 4 期。

② 柯应根:《大学英语分级教学改革历程及问题研究》，《江苏高教》2016 年第 4 期。

适合自己的方向,有利于激发学生的学习积极性,满足个性化教学的实际需要,从而既能照顾起点较低的学生,又要为基础较好的学生创造发展的空间,使那些英语起点水平较高、学有余力的学生能够达到较高要求或更高要求,如"创新拔尖人才"的培养,从而有效地提升大学英语教学的质量和水平。

(三)政策依据

2007 年由教育部高等教育司编著的《大学英语课程教学要求》提出:"大学英语教学应贯彻分类指导、因材施教的原则,以适应个性化教学的实际需要。大学阶段的英语教学要求分为三个层次,即一般要求、较高要求和更高要求。"教育部的《大学英语教学指南》(2015 版)"教学要求"明确指出:"我国幅员辽阔,各地区、各高校之间情况差异较大,大学英语教学应贯彻分类指导、因材施教的原则,以适应个性化教学的实际需要。"具体划分了三个目标,即基础、提高和发展目标:"基础目标的教学要求主要针对英语高考成绩合格的学生,是大部分学生本科毕业时应达到的基本要求。提高目标和发展目标的教学要求针对大学入学时英语已达到较好水平的学生,也是对学生英语应用能力要求较高的专业所选择的要求。对英语高考成绩基本合格的学生,学校可适当调整基础目标的部分教学要求"。该指南同时指出高校可根据本校实际情况,对具体要求与指标做适当调整。在提倡学生语言技能平衡发展的同时,也鼓励不同学校、不同院系或不同学科的大学英语教学在语言技能的选择上有所侧重,突出特色,以满足院系和学生的不同需求。这两个文件是近年来高校进行分级教学的纲领性基础指导文件。

二、分级教学现状调查

(一)分级类型

目前很多高校都实行大学英语分级教学的方式。按具体划分标准来说分级教学有多种类型。

按照分级是否明显可分为显性和隐性分级。绝大多数高校采取的是显性分级教学,即打乱原有的学院自然班级,按学生的英语水平重新组班。隐性分级是指虽然没单独确立班级,但任课教师会对不同水平的学生制定不同策略。

就分级的层次性来说,各高校分为二到三个级别,也有少数分为四个级别。四个级别的学校如重庆大学分为 A(总数 15% 学生)、B(总数 30% 学生)、C(总数 45% 的学生)以及 S 级别(10% 入学英语水平较低的艺术特殊专业)四个等级,也有很多高校把音乐、体育、美术学生单独归为一类,因为这些学生是学校依据特殊标准招录的,其英语水平普遍不高,因此单独设定其教学目标、教学内容和评价方式。绝大部分院校分为三个层次("三分法"),只是名称不同,如有的叫 A 班、B 班、C 班;有的称为快、中、慢班;有的称为初级、中级、高级班,如重庆文理学院、浙江师范大学、江西农业大学、上海政法学院等,而中国人民大学分为 2 级、3 级、4 级三个级别;分为两个级别 A、B "二分法"的学校,如武汉理工大学、黄山学院、广州大学、安徽财经大学、聊城大学等。

按分级层次是否变化可以分为固定制和流动制(也称为走班制或滚动制)。固定制是指学生一旦按英语水平分级组班后不作改变,学生一直在当初所划定的班级;而流动制或动态分级机制指定期如一个学期根据学生的成绩重新调整班级,如中国人民大学、北京科技大学、华中科技学院,均实施的为流动制。当学生期末考试成绩达到一定程度(如 90 分以上或班级的前 5%),低一级的学生可申请调入高一级班级。高一级班级的学生若考试不及格的会调至低一级班级。在笔者了解的大部分实行分级教学的学校因流动制会涉及班级教材转换、学生换班等管理问题所以选择相对好管理的固定制。

(二)分级教学状况调查

1. 研究问题

实行分级教学既有理论依据又符合现实需要,本调查旨在研究分析信息技术环境下分级教学模式下学生对教学模式、分级教学态度以及以上因素和成绩的相关关系。

(1)本调查主要研究基于课堂(读写译)和计算机(视听说)的教学模式。

(2)学生整体对自己英语水平观念如何?分级学生之间是否存在显著性差异?

(3)学生对分级教学模式持怎样态度?分级学生之间是否存在显著性差异?

(4)不同分级学生对多媒体教室读写译课程和网络环境下的视听说学习的满意度如何?分级学生之间是否存在显著性差异?

(5)"三分法"(A、B、C 班)和"二分法"(A、B 班)哪个效果更好?

2. 研究对象

本研究调查对象为山东某综合性大学非英语专业学生。该校以《大学英语课程教学要求》(2007)和《大学英语教学指南》(2015 版)为指导,本着因材施教、提高教学效果的原则,从 2006 年以来一直进行分级,并且经历了"三分法"(2006—2015 年)和"二分法"(2016 年开始)两种分级教学模式。在"三分法"模式下,按照新生入学后的分级考试成绩高低,将学生分成若干个 A、B、C 三类教学班。三个班的人数比例为 25%、50% 和 25%,各班人数约 80 人。本研究采用历时调查法,2013 年调查对象为来自 19 个学院的 565 名学生,其中收回有效问卷 555 份。他们都经过两年的大学英语学习,且参加了全国大学生英语四级(CET4)考试。在参与调查的学生中 CET4 成绩最低分 316,最高分 625,

平均分438.3。对他们实行的是A、B、C三个分级教学,具体人数及比例见表2.4。

表2.4 “三分法”分级模式下调查对象的构成

有效问卷		频率	百分比	累积百分比
555份	A班	99	17.8%	17.8%
	B班	259	46.7%	64.5%
	C班	197	35.5%	100.0%
	合计	746	100.0%	

教学模式方面,课程设置上突出信息技术环境下听说能力的培养,同时兼顾读写译能力的全面发展。具体为2+2+X,即每周读写译课2学时,在多媒体教室网络授课;视听说课2学时或口语课2学时(逢单双周交替上,如单周2课时视听说、双周2课时口语),X代表每周至少课下两学时的以听说训练为主的自主学习课和语言实践活动等。

不同级别的班级由不同教师授课,制定不同教学目标和进度,采用的教学方法也有一定区别。具体来说,三个班使用相同的读写教材《新视野大学英语读写教程》,考虑到A班学生基础较好,学习内容的设定比B班和C班进度较快、内容较多,A班四个学期学习六册教材,教师也更注重对文章深层内容的扩展;B、C班教师更注重语言基础知识的讲解,进度比A班稍慢,四个学期学习四册教材。视听说课A班和B、C班采用不同的教材,A班为外语教学与研究出版社的《新世纪大学英语视听说》,B、C班为清华大学出版社的《新时代交互英语》。

3.研究工具

本次研究工具为笔者根据《学习者因素问卷》修改而成的《学习状况调查问卷》。问卷由三部分组成:

第一部分为个人简况,包括学院、所在分级班、CET成绩。

第二部分为学习态度和课程评价,均为选择题形式,如“我对我校大学英语分级教学模式______。 A.很满意 B.较满意 C.一般 D.不满意”

第三部分为开放式问题:对本课程及教学的建议。

研究工具二为半结构式访谈,各个教学班各有10名同学参加了此次访谈,涉及学生对分级教学的态度、建议等,为问卷调查的补充。

4.数据收集和分析

笔者请被试的任课老师在第四学期结课前两周在听说课堂(机房)上分发电子Excel问卷表格由学生填写并发送指定邮箱。笔者把所得的数据进行汇总和整理,运用社会科学统计软件SPSS进行分析：①用描述统计对各题目进行描述性统计，观察各项目的百分比；②运用卡方检验及单因素方差(One-way Anova)分析A、B、C班是否存在显著性差异；③运用观察法和半结构式访谈探讨原因。

5.结果和讨论

(1)自身英语水平的判断和教学班关系

从结果看学生对于自身英语水平的判断差异很大，部分A班学生并不认为自己英语处于较好水平(表2.5)，在99名A班学生中，没有人认为自己英语水平“很好”，认为“较好”的占22.22%，认为自己英语水平“一般”的比例最高，占66.66%，还有12.12%的学生认为自己英语水平“较差”。这主要因为一是分级标准以一次入学考试为依据有一定的偶然性；二是大学英语和高中英语学习有很大的不同，对很多同学包括A班学生来说更是一种挑战，尤其听说能力对A班学生来说也是弱项，在一定程度上削弱了其对英语水平的自信心，在访谈中也有类似发现，大部分同学对自己的定位觉得“水平一般，和B班没有太大差别”；三是部分A班学生看到个别本班有特别突出的同学，自感与之相差水平太大，与预期不同的是B、C班学生中有认为自己英语水平“很好”，这主要是这些学生在英语方面有很强的自信，尤其是在B班处于领先的学生。

表2.5 不同教学班学生对自己英语水平的判断(N=555)

		A班		B班		C班	
		频率	百分比	频率	百分比	频率	百分比
有效问卷555份	A.很好	0	0	5	1.93%	2	1.02%
	B.较好	22	22.22%	41	15.83%	9	4.57%
	C.一般	65	65.66%	175	67.57%	111	56.34%
	D.较差	12	12.12%	34	13.13%	62	31.47%
	E.很差	0	0	4	1.54%	13	6.6%
	合计	99		259		197	

卡方检验结果显示(表2.6)，不同水平班级的学生对自己英语水平认识有显著差异($\chi^2=59.195, df=8, p<0.05$)。整体而言，水平较高班级的学生，对自己英语水平的判断也较高，比如A班有22.22%学生认为自己英语处于“较好”水平，认为自己英语水平“很好”和“较好”的B班学生为17.76%，C班学生占5.59%。相应地，B班14.67%学生认为自己英语水平“较差”或“太差”，而C班认为自己水平差的学生占到38.07%。

表 2.6 卡方检验结果 (Chi-Square Tests)

	Value	df	Asymp. Sig. (2-sided)
Pearson Chi-Square	59.195[a]	8	.000
Likelihood Ratio	62.948	8	.000
Linear-by-Linear Association	41.483	1	.000
N of Valid Cases	555		

a. 4 cells (26.7%) have expected count less than 5. The minimum expected count is 1.25.

(2)分级教学态度

整体而言,555 名学生对分级教学持“很满意”和“较满意”的比例为 51.71%(表 2.7)。卡方检验结果显示(表 2.8),不同水平班级的学生对分级教学的满意度有显著差异($\chi^2=34.129$, $df=6$, $p<0.05$),这表明水平班级越高的学生对教学的满意度也越高。A 班的大多数同学(69.7%)对分级教学持满意态度,B 班“满意”度为 54.05%,多数学生介于“一般”和“较满意”,而 C 班持“很满意”和“较满意”的占 39.6%,持“一般”和“不满意”的占到 60.4%。

表 2.7 不同教学班学生对分级教学的满意度结果 (N=555)

		A 班		B 班		C 班	
		频率	百分比	频率	百分比	频率	百分比
有效	A. 很满意	19	19.19%	38	14.67%	15	7.62%
	B. 较满意	50	50.51%	102	39.38%	63	31.98%
	C. 一般	29	29.29%	102	39.38%	91	46.19%
	D. 不满意	1	1.01%	17	6.57%	28	14.21%
	合计	99		259		197	

从访谈来看,A 班学生在心理上有一种满足感,对英语学习的积极性更高,也能更好地融入各种教学活动;而低水平学生尤其是 C 班学生对提到所在班级还是有一定的自卑感,有的甚至不愿在问卷上填写所在班级,非常想淡化班级距离,哪怕是名称上的高低之分。通过访谈了解到低水平班级低满意度的原因主要是学习动力不足,对教学中以基础知识的讲解兴趣不高,对组织的活动想参与,但语言输出能力又有限。

表 2.8　卡方检验结果（Chi-Square Tests）

	Value	df	Asymp. Sig. (2-sided)
Pearson Chi-Square	34.129[a]	6	.000
Likelihood Ratio	36.989	6	.000
Linear-by-Linear Association	31.863	1	.000
N of Valid Cases	555		

a. 0 cells (.0%) have expected count less than 5. The minimum expected count is 8.21.

（3）学生对课程教材的满意度

从描述性统计分析来看，被调查学生对读写译课程“很满意”“较满意”的为74.59%，对语言实验室视听说课程的上课模式所持“很满意”“较满意”的为64.69%（表2.9）。进一步调查发现学生对不同教材的态度也不一样，如A班同学对视听说教材的满意度为57.58%（表2.10）低于B、C班（表2.11）。在对老师的访谈中，也有类似发现，主要是B、C班的教材更具体系化和渐进性，比如可设定正确率，学生达到70%这一最低正确率后才可以学习下一单元，这种方式相对于不设限制和目标、随意选择学习更能让学生体会到学习平台的系统性和学习的点滴进步，也更有助于学习效果的提升，课件教材的选择对教学效果也发挥一定作用。

表 2.9　“三分法”下整体学生对读写译和视听说课的满意度

	读写译			视听说		
	频率	百分比	累积百分比	频率	百分比	累积百分比
A. 很满意	118	21.26%	21.26%	146	26.31%	26.31%
B. 较满意	296	53.33%	74.59%	213	38.38%	64.69%
C. 感觉一般	129	23.24%	97.83%	171	30.81%	95.5%
D. 不满意	12	2.16%	100%	25	4.5%	100.0%
合计	555	100%		555	100.0%	

（注：图表所涉值都已四舍五入）

表 2.10　A班对现在使用的《新世纪大学英语视听说》教材（包括网络教材）

	频率	百分比	累积百分比
A. 很满意	17	17.17%	17.17%
B. 较满意	40	40.41%	57.58%
C. 一般	37	37.37%	94.95%
D. 不满意	5	5.05%	100.0%
合计	99	100.0	

表2.11 B、C班对现在使用的《新时代大学英语视听说》教材(包括网络教材)

	频率	百分比	累积百分比
A. 很满意	97	21.27%	21.27%
B. 较满意	203	44.52%	65.79%
C. 一般	137	30.04%	95.83%
D. 不满意	19	4.17%	100.0%
合计	456	100.0	

(4)"二分法"和"三分法"的对比分析

在"二分法"下,笔者研究的对象仍是上述山东某综合大学的学生。该校分级教学主要经历了两个阶段:2016年前校采用"三分法模式",2016年该校在之前分级教学基础上进行经验总结和进行新一轮改革,实行A、B两种教学班,目的是"培优",即加强对一批基础较好拔尖学生的培养。分级标准方面根据入学分级测试和高考英语成绩综合评定,A班学生为每个学院前30名学生(学院总人数不同,大约每个学院前10%~20%的学生)。此外,不同班级从学习内容量的增多到内容结构的转变进行教学内容的改革。该校考研率很高,很多学生本科毕业后继续专业研究之路,因此教学中提高其学术英语和表达能力非常重要。课程方面A班前三学期为"读写译(多媒体教学)+口语+课下网络自主学习",口语课由外教担任,第四学期开设学术英语。B班主要是通用英语四个学期,包括读写译、视听说课和课下自主学习,A、B班采用的教材不一样:读写教材A班为外研社《新标准大学英语综合教程》,B班为外教社的《全新版大学进阶英语》。2018年笔者调查对象为A、B两个级别教学模式下820名2017级学生。

课程评估和满意度方面。2013年"三分法"(A/B/C班)下所有调查对象整体对分级教学"较满意"或"很满意"的为52.71%,其中三个教学班内各自的比例为:A班的69.7%、B班54.05%、C班39.6%。2018年"二分法"(A/B班)下对2017级的调查改为教学对个人进步状况的评估,结果(表2.12)表明调查对象整体认为分级教学对英语学习"非常有帮助"或"有帮助"的为65%,其中A班和B班学生中持该观点的分别占各自班级人数的86.43%和66.16%;相似地,更多的B班学生(13.88%)认为分级教学"没帮助"和"不利于进步",A班为2.33%。总体来看,A班比B班满意度高,"二分法"学生对分级教评价比"三分法"的评价要好。

"二分法"教学模式下对于读写译和视听说课的满意度,2017级整体"很满意"和"较满意"的评价分别占77.44%和73.17%(表2.13),而2011级"三分法"的调查,学生对读写译和视听说课的满意度分别为74.59%和64.69%。进一步的对教材满意度分析表明 2017 级被调查学生对读写译和视听说教材“很满意”和“较满意”分别为 84.39% 和 80.85%，也高于“三分法”下的教材满意度。很显然，从数值对比来看学生“二分法”的满意度比“三分法”下的班级认可度更高。

其原因方面，从访谈来看主要因为“三分法下”班额七八十人，二分制下对 A 班进行很多改革，A 班学生规模缩小，朝更精、高方向发展，教学目标、教学内容的实施和管理各方面更完善，B 班学生心态也更为积极。教师也普遍反映在“三分法”下的分级教学中 C 班的教学和管理有很大难度，所以后来综合考虑建议取消 C 级，只分为 A、B 两个级别。从该校的教学实践和学生的反馈来看，“二分法”比“三分法”各方面效果更好。

表 2.12 “二分法”下学生关于实行分级教学对英语学习“是否有帮助”的调查结果

题项	2017 级 A 班统计	2017 级 B 班统计	2017 级整体
A. 非常有帮助	30.23%	10.14%	16.46%
B. 有帮助	56.2%	45.02%	48.54%
C. 不清楚	11.24%	30.96%	24.76%
D. 没帮助	1.55%	7.83%	5.85%
E. 不利于进步	0.78%	6.05%	4.39%
总人数	258	562	820

表 2.13 “二分法”下整体学生对读写译和视听说课的满意度

	读写译			视听说		
	频率	百分比	累积百分比	频率	百分比	累积百分比
A. 很满意	291	35.49%	35.49%	250	30.49%	30.49%
B. 较满意	344	41.95%	77.44%	350	42.68%	73.17%
C. 基本满意	155	18.9%	96.34%	164	20%	93.17%
D. 不满意	25	3.05%	99.39%	49	5.98%	79.15%
E. 很不满意	5	0.61%	100%	7	0.85%	100%
合计	820			820		

三、讨论

(一) 分级教学的积极效果

近年来的教学实践表明因同一分级教学班的学生基本处于相似水平，实行分级教学有利于教师制定明确的教学目标、因材施教,有利于在学生原有认知基础上进行有针对性的教授内容和组织活动,如C班以词汇和语法基础知识讲解为主,夯实学生的基础知识,B班在兼顾基础知识的同时注意提高其听说表达能力,A班对其听、说、读、写、译各项技能的综合发展基础上侧重学校指定的高一级目标,如跨文化交际、批判性思维的能力或学术英语水平;各级学生按各自的教学要求使用内容和水平不同的教材,都比之前有一定进步,基本上消除了以往存在的"吃不饱"和"吃不了"的现象。

此外,"流动制"动态分级方式提高了学生的学习热情,营造了积极的英语学习氛围和竞争机制,激励学生积极上进,各个级别的学生学习效果都有明显提升,尤其对于程度较好的学生更利于其向更高水平发展,学生在全国类竞赛中取得佳绩的人数呈逐年递增趋势。而初级班学生对英语学习兴趣得到增强,期末考试通过率也有所提高,甚至有C级学生经过两年的学习逐渐赶上了B级学生,B班有学生赶上A班学生,教学效果显著。

(二)存在的问题与对策

1. 分级标准和"马太效应"

在分级教学标准方面,学生普遍反映的有以下问题:如以一次分级测试成绩为标准确定学生水平进行分班不够科学合理,部分学生可能在分级考试时存在发挥失常的现象。对此,以更为全面的考核,如把分级测试成绩和学生的高考成绩、学生本人意愿和潜力综合考虑进行评级,同时把实行动态(滚动式)分级模式落到实处,即结合学生每学期的表现和成绩,"有进有退",好的学生升入高一级、差的学生降入低一级的班级更能调动学生的学习积极性。

高校英语分级教学虽有优点,但不可否认也有负面影响,有的教师指出分级教学可能出现"马太效应",即"优生更优,差生更差",从而导致两极分化的加剧①。对于低水平尤其C班学生来说,没有更高水平学生的影响和带动,课堂气氛尤其是口语课上不活跃。在访谈中,有C班同学提出"我希望不要采用分班制度,大家同学都在一起学,成绩好的同学带动不太好的,那样才有动力,如果分班了以后,同学们好的就更好、不好的就更不好,很容易产生两极分化"。对此,分级教学班应当明确各自的教学目标、采用针对性的教学方法,使各个层次的学生都积极参与而学有所获,增强获得感;同时通过制定科学、合理的测试评价体系,衡量学生的进步和学习效果。

2. 教学管理问题

分级教学按成绩分班,打乱了原来按照院系和专业进行分班的"自然班级",新的班

---

① 陈阳,张晶:《论高校公共英语分级教学中的马太效应》,《东北农业大学学报》(社会科学版),2010年第1期。

级学生涉及原几个班甚至几个学院的学生,学生的集体意识和团队精神相对较弱,还需要重新选择班级负责人或班长;大学英语作为公共课大部分班级还是大班制教学,人数70~80人,从教学时间、教室分配、网络学习室的统筹使用等需要统一部署,从而不可避免地给教学管理、班级管理、成绩管理等带来一系列的问题,“牵一发而动全身”如果解决不好势必使分级教学无法实施,这就增加了协调、管理等任务,正是因为这些原因,对于这些问题,有研究者提出了分组分级法和分组定时间段排课法[①],也有研究者建议实行严格的考勤制度和学生英语成绩等级卡制度[②],这些都为解决管理问题提供了思路。如聊城大学在采用各学院固定时间预先给英语排课的方法,有的班级在教学管理上采用固定座位、考勤等方法,并将学生的出勤作为评价成绩的一部分,在保证学习到课率方面收到良好的效果。

3. 心理适应问题

分级教学打破了原有的课堂环境,对学生心理环境有较大影响,并且对不同水平的学习者影响方面不同。B班学生普遍希望与成绩好的学生共同学习,并担心其课堂的学习内容和进度会拉大与A班学生的差距,因此,偶有B班的学生申请到A班听课的情况。笔者调查中发现分级教学对英语水平较低班级尤其C班的学生产生了消极作用,教师有时很难调动学生的学习积极性,在组织小组讨论、课堂演讲等活动时,学生参与热情较低,课堂气氛活跃不起来。部分C班任课老师也认为基础较差的学生在一起学习,帮、扶、带的作用会显著削弱,没有你追我赶的目标和动力。但是笔者所做调查也有另外发现,A班个别学生感觉难以跟上课堂节奏,出现A班学生到B班课堂“蹭课”的情形,尤其是以通过考试为目标的学生中,他们希望自己能够增强语言基础知识的学习。

此外,分级教学造成部分学生尤其是基础较差的学生心理适应困难。有研究表明中低水平者划入了B级课堂,等于委婉地贴上差生的标签,使部分学生在情感上不能接受,从而导致了学生情感、态度和动机等心理因素的波动,容易挫伤中低水平学习者的学习积极性。较低级别特别是C班学生更容易有自卑心理、师生关系紧张、学习压力大等负面感受[③]。笔者所进行的访谈中B班学生提到自己班没有外教口语课,觉得没有被公平对待,提出“非常希望像A班一样有外教口语课”。由此可见,分级教学对学生特别是C班的学生的心理产生了较大的负面影响,其自尊心和自信心受到了影响。笔者调查

---

① 张国辉:《大学英语公共课应用CBI教学模式的研究》,《河北软件职业技术学院学报》,2010年第2期。

② 郭乃照:《大学英语分级教学刍议》,山西财经大学学报(高等教育版),2002年第3期。

③ 高照:《大学英语分级教学对课堂心理环境影响的实证研究》,《山东外语教学》2010年第2期。

时,部分C班学生不愿提及自己所在班,还有研究表明C班学生认为自己是被抛弃或边缘化的群体,致使导致一定程度的厌学心理[①]。高职院校英语分级教学研究领域的学者王燕[②]对学生做过问卷调查,发现只有不到10%的学生愿意分到C班,因此作为教师应当及时注意学生的心理变化并做好疏导工作;从调查结果来说,“二分法”无论从学生心理接受程度还是教学效果来说,都比“三分法”更好,因此各学校应当结合实际,考虑是否不再划分C班。

4.教师方面

分级教学有利于合理配置师资,发挥其特长,基本上能做到顾全大局,服从安排,尽其所能。但是也应该看到教学班级有偏好、能力准备不足的问题。比如随着高校办学规模增大,招生人数增多,很多教师承担的教学任务繁重,培训力度不够,再加之大班教学很难保证足够的精力投入分级教学的提升,尤其教A班的老师从知识结构、教学组织能力等方面具有很大挑战性,而教C班学生不利于组织讨论等活动,许多老师更偏爱程度中等的B班。此外,还有的存在“形分实不分”的情况,有的A班老师只注重量的多少而不注重质的区别,有学生提到“老师讲解较快,来不及消化,就匆匆赶往下一单元”,学生并未掌握应学的东西;个别教师授课方式也是一直延续词汇、语法、课文逐句分析法。低级别学生的授课教师滋生惰性心理,觉得B班或C班教学比A班更简单,不愿再花时间从现有学生基础上多做些工作提高教学水平。为此,教育管理部门应该从政策激励措施(如对增加工作量的A班教师的课时乘以较高的系数)和培训(如组织专题教学培训和研讨)两方面提升教师的责任意识和教学水平。

四、结语

目前,大学英语分级教学是教学改革的重要举措和普遍做法,也有学者认为随着我国教育教学改革以及教育均衡发展的深入,从班级凝聚力、情感依托等角度出发,倡导重回自然班教学[③]。对此,笔者认为各高校应根据自己教学实践效果慎重决定。从微观教学实践来看,分级教学尤其是“二分法”有利于从学生实际基础水平和不同需求出发,调动教师和学生两方面的积极性,尤其借助网络化教学能够满足不同层次学生不同的英语

① 张萌:《大学英语分级教学的问题及对策》,《语文学刊》(外语教育与教学)2009年第10期。

② 王燕:《高职院校英语分级教学的研究与实践》,《湖南大众传媒职业技术学院学报》2007年第2期。

③ 刘泽华、申凯中:《我国高校大学英语分级教学反思与对策》,《中国大学教育》2015年第12期。

学习需求，促使其进行个性化学习。但是也应该看到分级教学中的问题，如分级的依据方面应做更科学、合理的探索；流动制分班，“优胜劣汰”“有上有下”的动态模式虽然会给管理带来一些麻烦，但更能调动学生的学习的积极性；最为重要的，应综合考虑学生情感、心理适应等方面，尤其应考虑对低水平学习者心理给予足够关注和帮助，对其进行心理情感的疏导和支持。

第三节 建构主义视野下英语教学情感策略

在语言学习中，情感因素对学习效果有着重大影响。建构主义是西方教育心理学的最新认知理论，对教学理论和实践产生了很大影响。近年来，在大学英语教学领域教学理念和教学方法都产生了很大转变，以“教师”为中心转向以“学生”为中心，教学围绕学生的需求展开。然而学生除了语言知识的需求外，还有智力和情感的需要。但是在实际教学中，受行为主义的影响，很多教师并没有对教学中的情感因素给予足够的重视[①]。本部分在建构主义视野下探讨如何利用动机、教学环境和评价机制因素帮助学生深化学习动机，降低焦虑，树立自信心，从而提高教学效果。

一、建构主义含义

建构主义(constructivism)是行为主义发展到认知主义以后的进一步发展。作为一种新的认知理论，它是多学科交叉渗透的产物。其源头可追溯到古希腊时期苏格拉底的“产婆术”。18 世纪意大利的哲学家维柯是第一个使用“建构”(construction)一词的人。尽管建构主义由来已久，但建构主义理论的真正兴起却是在 20 世纪 80 年代中期。美国实用主义哲学家、教育家杜威的经验自然主义，瑞士儿童心理学家皮亚杰的主客体双向建构论，苏联杰出的心理学家维果茨基的历史文化心理学理论，奥斯贝尔的意义学习理论以及布鲁纳的发现学习理论等都为建构主义理论的形成奠定了基础。如今，建构主义已成为影响教育理论与实践的最重要的理论。

教育学建构主义分为个人建构主义、社会建构主义和激进建构主义。尽管流派纷呈，但这些流派有着一些共同观点，即知识观否认确定性、客观性、永恒性的真理性知识

---

① 项茂英：《情感因素对大学英语教学的影响：理论与实证研究》，《外语与外语教学》2003 年第 3 期。

存在，认为知识是发展的，是内在建构的，是以社会和文化的形式为中介的。知识的属性概括为：建构性、社会性、情境性、复杂性和默会性①。其学习观认为学习不是由教师向学生传递知识，而是学生自己建构知识的过程；学习也不是简单的信息积累，而是由新旧知识经验的冲突而引发的观念转变和结构重组，同化和顺应是知识结构发生变化的两种方式。同化是指学习者把外在的信息纳入已有的认知结构，以丰富和加强已有的思维倾向和行为模式。顺应是指学习者已有的认知结构与外在信息产生冲突，引起原有认知结构的调整或变化，从而建立新的认知结构。其师生观在强调学生是认知和信息加工的主体、是知识和意义的主动建构者的同时，也非常重视教师的指导作用，认为教师是学生意义建构的帮助者、促进者、辅导者和合作者。其教学观认为教学不是传递东西，而是具有创设一定的环境以支持和促进学习者主动建构知识的意义。

二、建构主义视野下英语教学的情感策略

情感是人们对客观事物所持的态度是否符合自己需要而产生的主观体验。在语言教学中，情感指学习者在学习过程中的感情、感觉、情绪、态度等。研究者发现学习者的情感会直接影响他们的学习行为和学习效果。影响语言学习者的情感因素可分为两大类：一类是学习者的个别因素，包括焦虑、抑制、自尊心、学习动机等；另一类是学习者与学习者之间以及学习者与教师之间的情感因素，包括移情、课堂交流等。情感因素是影响教学质量的一个重要因素，积极、丰富的情感能促进认知过程和个人品质的全面发展。

建构主义认为，情感是学习的发动机、控制器，人在知识和学习的建构中，并非纯理性的过程，作为主体存在的独特方式，情感参与主体的认知活动和建构活动②。以建构主义理论为基础，重视学生的认知能力和情感取向，笔者认为可以从以下几个方面改进大学英语教学的情感策略。

（一）了解学生兴趣，深化其学习动机

学习动机是指为学习者提供动力和指引方向的一系列因素，主要包括三部分：个人努力、达成学习目标的愿望和对语言学习的正确态度。兴趣和动机是学习的先决条件。王笃勤曾说“学生如果缺乏兴趣，教学则成为死亡之吻；学生如果缺乏动机，教学不过是

① 莱斯·P·斯特弗、杰里·盖尔：《教育中的建构主义》，高文等译，华东师范大学出版社，2002年，第8–11页。

② 何齐宗：《现代外国教育理论流派述评》，江西高校出版社，2006年，第172页。

一种厌恶疗法"[①]。可见,动机是教学的关键,如果不能激发学生的动机,教学不可能达到预期的效果。

关于动机的分类,有学者将动机分为工具型动机和综合型动机。前者以语言学习的工具性为目的,如为了通过考试,找一个好工作或晋升职位;后者是为了同目的语社团的人们进行交流,融入该文化。也有学者将动机分为内部动机和外部动机。内部动机是学习者学习的动力,来自学习本身带来的乐趣;外部动机只是为了外部的奖惩而学。一般来说,综合型动机和内部动机比较持久,是学习成功的主要因素,工具型动机和外部动机比较短暂,且易受学习效果的影响。因此,教师应成为学生建构知识的积极帮助者和引导者,注重激发和保持学生的内部动机。[②]

那么如何激发学生的学习兴趣和内部动机呢?建构主义教学观认为最重要的是使学习具有意义。布鲁纳提出学习最好的刺激是对所学材料的兴趣。教师在英语课程开始之初,可以通过问卷调查、面谈、讨论等多种方式,主动了解学生对于英语学习的看法,学生的学习习惯以及他们已掌握的策略,然后对所收集的数据进行分析,制定相应的教学目标和教学内容。课堂上,尽量使教学内容和教学材料贴近学生日常生活、学科发展和职业前途,这样在教学过程中才能引发学生情感认同和情感共鸣。学生不仅是在学习知识,更重要的是在学习一种生活理念和思考方法。就教学而言,则是对学生进行了情感教育:"学习情感的培养、人生价值的培养和社会情感的培养"。[③]

(二)创设和谐的教学情境,降低学生的焦虑程度

情境创设是教学设计的最重要内容之一。"情境"是有利于学生对所学内容意义建构的学习环境。建构主义认为学习总是在一定的情境中进行的,而知识也总是在一定的情境中才有意义。在笔者所做的一项调查中认为"影响自己英语学习成绩最主要的因素是"选择"教学情境"的占30%。

焦虑是影响语言学习较大的情感障碍。如果学生的焦虑程度低,精神就会放松,语言输入和语言输出效果就会好,会对语言学习起促进作用;反之就会起妨碍作用。建构主义认为知识的建构是人与环境交互作用的结果,只有把学习者置于真实的情境中,并尽可能在实际任务中获得经验和建构知识,才能使学习者掌握并运用知识。换言之,和谐的课堂气氛是学生创造性自由表达出来的重要心理环境。教学环境的创设包括两方面:教学情境和人际环境。学生在真实的情境中更容易运用所学的知识去解决现实中面

---

① 王笃勤:《英语教学策略论》,外语教学与研究出版社,2002年,第25页。

② 辛红:《社会建构主义模式与外语能力的培养》,《聊城大学学报》(社会科学版)2006年第2期。

③ 邓杏华:《利用情感因素优化大学英语课堂教学效果》,《高教论坛》2005年第4期。

对的问题。

为帮助学生建构语言知识,发展语言运用技能,教师应努力营造有利于语言习得的情境,注重教学环境和任务安排两方面的要素。教学环境方面:为学生提供真实的、信息丰富的语言输入。除了教科书外,选择与教学内容相关的、即时的教学材料,课堂上充分利用多媒体,运用幻灯片、生动的动画或视频、清晰的图像等直观的手段,使学生一开始就处于一种主动的、积极的主题场景和情境交际中。任务方面:教师本身就是语言的输出者,要引导学生建立新旧知识之间的联系,根据其原有知识基础和经验设定任务。如学习内容方面,教师要选择学生感兴趣的话题,能引起学生探究的热情而非机械的单纯句型操练,多设置自由度高的参考性问题(也称发散性问题),鼓励学生积极思考和表达。在现实教学中,如在口语课上,有的老师第一学期就组织新生进行讨论、表演甚至辩论。几堂课上完之后学生因为语言输出能力有限,尴尬又疲惫,教师也累,不停地调动学生发言但收效甚微,学生语言错误也多。对此,教师应在不同的阶段制定不同的学习目标,如第一学期,对刚入学的大一新生先进行语音语调方面知识的介绍和练习,纠正学生错误的发音方式,然后再进行稍有难度的演讲、辩论等口语活动。

除教学情境外,营造平等融洽的人际环境也非常重要。轻松、和谐的课堂环境,这样学生才会少些紧张和焦虑,敢于进行语言表达。建构主义认为教师不是知识的传授者和灌输者,而是学生意义的帮助者、促进者,是学生学习的辅导者和合作者。因此,教师应把自己看作课堂共同体中的一个参与者而非权威,适时地加入课堂活动,与学生共享知识和经验,如教师在学生现有水平上设定稍高的学习内容和恰当的方式,帮助其语言水平上一个高度。在此过程中,教师应发挥中介作用,利用新旧知识的联系帮助学生形成新的意义的建构。同时,学生之间不是互不相干的独立体,教师要鼓励和引导他们可通过对话、讨论、协作等形式共同探究问题,聆听彼此的想法,表达自己的见解,如把学生分成若干小组,进行小组间的辩论、猜词游戏、话剧表演等。学生在自由、平等、愉悦的课堂氛围中,彼此之间予以尊重和鼓励,从而引导其树立积极的自我形象和团队风貌,也建立起对语言更丰富的理解。

(三)利用计算机网络支持,提升学生获得感

建构主义强调学习者不是教学内容被动的接受者,而是知识的主动获取者和意义的建构者,是信息加工的主体。现代信息技术的发展为学习者进行主动学习和意义建构提供了强大的支持:一方面,学生可以利用便捷的网络搜寻到和课程相关的知识,完成教师规定的任务;另一方面,学习者可以利用多媒体网络技术进行语言学习和训练。这种训练摆脱了传统课堂时空的界限,由学生自己安排,学习进度也可以自己掌握,在一定程度

上避免了课堂来自教师或同学关注的压力和焦虑,使学习者能够在轻松、自由的环境下进行语言练习而渐进提高,最终这些信息通过学习者的主动建构变成自己的知识,从而提升了他们的获得感。

此外,教师要充分发挥以通信技术为支持的交流平台,如QQ、微信或教学平台的互动功能,为学生营造一个良好的学习和交流环境,以弥补人际分离给教学带来的不良影响。教师要有足够的主动性和耐心,经常查看和了解学生网络课程自主学习现状和进步情况,通过适当的方式进行学习引导和点拨,使学生尤其是基础较差的学生逐渐树立起对英语学习的自信心,还要加强网络为媒介的沟通,主动了解他们的期待和建议,从而消除教师与学生之间的距离感和隔阂感,增进学生对于教师的信任感和亲切感,拉近师生之间的距离。学生产生与教师的情感共鸣后会更积极主动地参与到大学英语学习中,实现自身社交能力和语言能力的综合提升。

(四)建立有效的评估机制,增强学生自信心

教学评估是大学英语教学的一个重要环节,它既是教师获取教学反馈信息、改进教学管理、保证教学质量的重要依据,又是学生调整学习策略、改进学习方法、提高学习效率的有效手段[①]。长期以来,英语教学中存在着重知识传授,轻能力培养的现象,教学评估体系则将考试作为学习的终极目标,使考试等同于评价[②],而学生也习惯将考试成绩作为评判自己语言能力和学习效果的参考,长此以往对学生尤其是水平不高的学习者语言能力的全面发展产生不利影响。

在建构主义看来,评价不应被视为教学设计的附加部分或预先测试和随后测试这一直线型教学过程的分离部分,相反,它应成为学习环境的整合的、持续的、浑然一体的部分[③]。因此,我们应把教学过程中进行的形成性评价和教学阶段结束时进行的终结性评价结合起来。在评估形式上,要从单纯重视笔试考试向综合运用课堂表现、作业、活动参与等多种评估方式的转变;在评估内容上,要从单纯重知识的评价向重视学生全面素质的评价转变;在评估主体上,要使学生由被动评价的客体变为积极参与的评价主体,建立学生自评、学生互评和师生评价相结合和评价体系。

建立有效的课堂评估和反馈是评估体系重要的环节。教师对学生的提问或回答给

---

① 大学英语基本要求项目组:《大学英语课程教学要求》(试行),清华大学出版社,2004年,第24页。

② 崔艳嫣、李业霞:《试谈建立多维的大学英语教学评估体系》,《聊城大学学报》(社会科学版)2004年第4期。

③ 何齐宗:《现代外国教育理论流派述评》,江西高校出版社,2006年,第173页。

出及时、有效的反馈和评价,是提问有效进行的保证。对此,教师要重视发挥激励性评价的作用,在给予积极反馈指出亮点时,不仅能使学习者知道他们正确地完成了任务,同时还能通过赞扬的话语增强其自信心,加强其学习动机,对其积极反馈比消极反馈更有助于改进学习者的行为。但简单的积极评价性的反馈,如"Good""Well done"仅是口头肯定,并不能产生很好的效果,教师的反馈应更为具体。在遇到学生出现错误时,教师应尽量不要打断学生的讲话,而需在话语转换时指出不足和纠正错误,以免打击其参与的积极性。另外,不要学生刚结束回答就给出"对"或"错"的判断,要善于鼓励学生的参与精神和从不同角度看问题的精神,保护其参与积极性。同时,此刻还要遵循适度原则,过多地赞扬并忽视学生的错误,也会让学生感觉不真实,影响其语言表达的提高。

三、结语

建构主义理论对大学英语教学有很强的指导意义。在该理论视野下,充分利用动机、教学情境、网络技术和评价机制等因素给予学生情感支持,有助于改变当前大学英语教学中重"知"轻"情"的现象,有利于激发学生学习热情、消除心理障碍、发挥学生的潜能、提高教学效果。当然,外语学习是一项复杂的综合性活动,重视情感问题并不能解决英语教学中的所有问题,但是应该看到重视情感因素有助于提高学生认知发展动力。当今高等教育正发生着重大变革,作为教育者应借鉴先进的教学理念,不断探索,才能促进对学生应用能力、创新能力以及综合素质的培养。

第四节 基于会话分析的课堂提问策略

教师话语在组织课堂教学活动和语言习得中起着非常重要的作用,而提问是英语课堂上教师常用的教学方法之一,好的提问能检查到应练习的内容、促进言语交际、启发学生思考。多年来课堂提问一直是语言教学关注的一个焦点,以"知网"进行搜索,仅2010—2020年关于大学英语课堂提问的研究文章达三百多篇。对课堂提问的研究则主要集中在理论基础、提问的分类、提问后等候时间、提问分配、教师反馈等方面。本部分以会话分析(conversation analysis)中的合作和礼貌原则为理论,依据对前人的研究进行总结分析,提出一些提问用语应遵循的原则,同时针对信息化教学的新背景提出建议。

一、会话分析理论基础

美国著名语言哲学家格莱斯(Grice)在他的《逻辑与会话》一文中指出:为了使交际双方在语言交际过程中能达到成功有效的交际,言语交际双方都要采取一种合作、默契的态度,遵守一些诸如真实、充分、关联、清楚等原则,即"合作原则"(cooperative principle)。Grice 的合作原则包括了四大准则:数量准则、质量准则、关系准则和方式准则。数量准则是指对话双方说出的语言应该提供足够的信息量,但又要恰到好处,即不超出所需要的信息量;质量准则是指所说的话要力求真实,不要说自己知道是虚假的话和缺乏足够证据的话;关联系准则是指所说的话与正在谈论的话题有关。方式准则包括四个方面:避免晦涩,避免歧义,要简练,要有序。无论说话者文化背景如何,都必须遵守话语交际中的基本原则。

但是在人们在实际会话中,说话人常常有意违反准则,其目的是为了使听话人不要对他所说的话作一般的理解,而是要从所说的话中推断出其中的隐含意义。那么,人们为什么要违反合作原则,拐弯抹角地表达自己的真实意图呢?英国语言学家杰弗里·利奇(Geoffrey Leech)从修辞学、语体学的角度做出解释,提出了礼貌原则,认为人们在会话中之所以违反合作原则是出于礼貌的原因。礼貌原则(politeness principle)包括六项准则:得体准则、慷慨准则、赞誉准则、谦逊准则、一致准则和同情准则。①

在会话交际中,合作原则与礼貌原则都非常重要。如果只有合作原则,而无礼貌原则,那么就无法充分解释会话的含义,所以后者是前者的补充。在大学英语教学过程中教师与学生之间的交流也必须要遵守这两个原则。

二、提问应遵循的原则

有研究表明优秀教师,如青年教师教学能手的课堂话语差异很大,决定教师话语特征的不是课程或教材本身,而是教师的教育观念②。传统教学中,英语课堂一直被看成是由教师向学生传授知识的过程,以教为中心,教师处于主导地位,在提问数量、质量、方式

---

① 王英男、许炜:《以学生为中心的大学英语教学模式中的教师话语》,《北京工业大学学报》(社会科学版)2005 年第 9 期。

② 咸修斌、孙晓丽:《自然模式亦或教学模式:基丁人学英语优秀教师课堂话语语料的分析》,《外语与外语教学》2007 年第 5 期。

和反馈方面都有违反会话原则的现象,而在新的"以学生为中心"的教学模式下,教师应逐渐认识到课堂交互的重要性,在提问时有效的引导和组织学生积极参与,教师应遵循以下原则。

(一)教师提问适量原则

在大多数教师课堂话语中,虽然提问是常用的教学策略,但提问在课堂的话语比例却大不一样。怀特(White)和莱特鲍恩(Lightbown)用录像设备摄录一个外语教师的一堂课的活动,其中观察到在一堂50分钟的课堂中教师提了427个问题[①]。也有的课堂很少涉及教师提问,如刘润清和戴曼纯(2003)发现有的教师对词汇、语法反复讲解,逐词逐句翻译课文,不给学生充分思考和吸收的余地,很少提问问题[②]。此外,还有的教师受传统教学观念的影响,错误地认为教师话语量少就意味着教学态度不认真或教学效果差,因此而产生的愧疚心理往往自己说了又说,成了"一言堂",掌握着话语权,并没给学生发言的机会。在计算机为媒介的网络课堂中这种现象更为普遍。在多媒体课堂,有的教师习惯在计算机控制台附近,很少走到学生中间进行互动式的提问;在线教学时本身班级人数众多,又囿于网络通话交流的限制,如在QQ群在线课堂中必须使用"连麦"功能才能让特定学生发言,因此能让自由讨论的提问更少,而在一些录课、慕课和微课中的问题更成了教师"自说自话",提问留白之后,教师再次解答。

目前,大多数教师已经认同不能在课堂说得过多,而应保持一个适当的教师话语量,给学生更多用目的语表达的机会。那么,到底多少算"适当"呢?教育家们认为,我们无法也无需对教师话语量与学生话语量二者的比例给出一个确定的数值。根据周星和周韵的调查显示,在以学生为中心的主题教学模式中,教师话语多为课堂时间的15%~35%。而有的研究者则认为教师话语应该是"as little as possible, as much as necessary"(尽可能少,尽可能按需)[③]。但是也有调查显示,减少教师的话语量并不意味着学生话语量就会随之增加。这一点可以从王龙吟对于英语课堂中的师生话语对比分析[④]中可以看出。在利用英语课堂语料库检索每堂课中师生各自持话轮的总数后,其结果见表2.14:

---

① 埃德·尼可森、陈炜:《大学英语教师课堂提问模式调查分析》,《外语界》2004年第6期。

② 刘润清、戴曼纯:《中国外语教学改革现状与发展策略研究》,外语教学与研究出版社,2004年,第87页。

③ 周星、周韵:《大学英语课堂教师话语的调查与分析》,《外语教学与研究》2002年第1期。

④ 王英男、许炜:《以学生为中心的大学英语教学模式中的教师话语》,《北京工业大学学报》(社会科学版)2005年第9期。

表2.14　不同课型中的教师话轮与学生话轮总数

课型	教师话轮总数	学生话轮总数
优质课	206	235
普通课	109	166
实习课	246	257

从上表可以看出,虽然普通课中的教师话轮总数比优质课中的教师话轮总数减少了将近一半,但是其学生话轮总数却并没有相应程度的增加;而实习课中的教师话轮总数虽然为最多,但也没有因此而减少学生话轮总数。从以上分析可以看出,提问过多或过少都不合适,过多,学生一直处于被不断发问,容易出现倦怠、抵触情绪;若问题太少,学生思维不被激发,也会丧失专注度。因此,教师要想在课堂提问中恰当地遵循合作原则中的数量准则就应该首先注重教师话语的"质",即遵循教师话语的质量原则。

(二)教师提问质量合格原则

会话分析中 Grice 提出的质量准则是指会话双方不要说自己知道是虚假的话、不要说缺乏足够证据的话,这一点应该说是一名教师在课堂上进行教学活动的根本。但这里所说的"质量"准则是指除了这一根本准则外,教师话语的内容和形式都应该恰当,这样才能充分发挥教师提问的启发功能,促进学生积极参与。质量合格原则主要包括两方面的内容:

1."可理解性输入"的语言难度

可理解性提问语言方面是能够引起学生参与的基础。从社会文化理论观点看,认知的发展和知识的构建是个体通过中介与其所处的社会文化环境不断进行交互的结果。在课堂教学中,教师话语是重要的输入来源,由于语言学科教学的特殊性,即必须保证学生在听懂指令或问题的前提下进行课堂互动,尤其在一个新班级的最初适应期,会出现有些学生对教师的提问云里雾里、不知所云,教师面对不知如何作答的学生也很尴尬的局面。教师要通过互动了解学生的语言理解和输出水平并注意及时调整自己语言的难度。如尽量放慢语速,提出问题后及时观察学生的反应,延长等待时间,增加支架性话语,通过解释、示范等让学生对问题有较明确的认识。

2.提问形式多样化,合理反映学生的认知层次

教师提问的形式有很多种,如一般疑问句、特殊疑问句、选择疑问句、断句式提问或

对译式提问等,课堂提问形式若过于单一会让学生产生厌倦感,而且如果教师在提问时如果过多地使用一般疑问句或选择疑问句,结果则会使学生只以 yes 或 no 来作答。这样虽然看上去学生的话轮次数增加了,可实际上其语言输出信息很少,也无法充分反映他们的认知层次。所以,教师可以适当增加特殊疑问句的数量和追问的形式(probing),多运用有效的互动性话语,引导学生说出自己的观点、理解或理由,进行批判性思维培养,提高语言输出深度和语言交流水平。

3. 提问以参考性问题为主,展示性问题为辅

根据回答者回答的自由度,问题可分为展示性问题和参考性问题。展示性问题属于信息性问题。这类问题大都是信息再现性的,有明确的答案,不同回答者的答复大体相同或完全一致。参考性问题要求学生能根据材料发挥自己的想象,做出创造性回答,这类问题没有固定答案,与展示性问题相比,这类问题要求回答者具有较强的抽象思维能力去分析问题和解决问题,比如,与其问"手机会不会妨碍课堂学习",不如问"如何看待学生课堂使用手机的现象?"

国内外很多对教师课堂提问的调查结果都有一个共同的特点,教师在课堂上的提问展示性问题远远多于参考性问题,且多为教师能够主导和预知答案的问题,目的主要是测试学生对语言输入的理解及评估其语言水平,但是此类问题对学生的情感参与和自由表达有一定的限制①。研究证明,当教师使用参考性问题时,学生使用的语言更为复杂,更接近自然环境中的话语。参考性问题的目的不是要重复已确定的信息或纠正学生的回答,而是推动学生参与对话,在师生及生生之间形成交流,从而达到运用语言进行自然交际的目的。综合来看,教师的提问应视具体情况综合使用两种问题,但以参考性问题为主,旨在增加学习者在课堂上的语言输出,从而促进语言习得。

4. 教师提问反馈礼貌原则

及时对学生的提问或回答给出应有的反馈和评价,是提问有效进行的保证,尤其是在信息化教育过程中,学生在教学平台问答区或 QQ 班级交流群提出问题后,教师若不能及时回应可能会使学生产生挫折感,因此必须对学生的提问予以及时关注并仔细解答;如若有延迟,也应当说明原因。在提问对象方面,尽量涵盖更多的学生,而不是每次都找一两个优秀学生回答,这也是对所有个体的尊重和礼貌。大班教学中给教师的提问带来很多挑战,教师可以采用轮流提问、小组合作、每次选不同代表进行回答等方式。

在反馈方面,教师可以尝试利用礼貌原则中的赞誉准则,首先从鼓励学生的发问精神予以肯定,以从这些点滴中树立起学生的自信心。大量研究表明,教师在给予积极反

---

① 腾飞:《大学英语教师中的提问研究》,《教育理论与实践》2017 年第 30 期。

馈(positive feedback)时,不仅能使学习者知道他们正确地完成了任务,同时还能通过赞扬增强他们的自信心,加强其学习动机,因此积极、肯定反馈比消极反馈(negative feedback)更有助于改进学习者的行为。

但笼统、机械的积极反馈,如称赞的表达"Good""Very Good"等,并不一定会产生很好的效果,教师应具体指出学生在哪一方面表现较好(如语音标准、语言流畅性、角度新颖性等)。在遇到学生出现错误时,教师可多注重学生话语的整体错误,尽量不要打断学生的讲话,以免中断学生思路或打击其积极性,而只在话语转换时才纠正错误,或者等待其他学生纠正。同时,还要遵循适度原则,过多地赞扬并忽视学生的错误,会影响学生语言表达的提高。因为任何一个学习者回答问题、进行语言输出同时也是全班其他学生的语言输入过程,如果教师不及时纠正学习者言语中的错误,该学生和其他学生都可能会误认为这种表达方式是正确或者可以接受的,并将错误的语言内化。此外,教师可以有意识的创造融洽的氛围,创设师生平等交流的、较为友好和谐的语言氛围,让学生感受交际过程中的语言运用的真实面貌,增强表达的意愿。

三、结语

大学英语是一门实践性很强的课程,传统的以教师为中心的教学方法受到很多专家学者的批判,"以学生为中心"的教学模式正在进行探索和尝试中。在这种新的教学模式下,课堂(包括网络学习课堂)提问仍是必不可少的一个环节,恰当的教师提问策略不仅有利于对学生的语言输入,而且也能有效地提高学生的语言输出。因此,教师在教学中要转变教育观念,提高元语言和反思能力,努力研究教学内容和学生的实际需要,充分发挥课堂提问和促进交流的功能。大学英语课堂教师提问应遵循提问适量、质量合格、反馈及时、礼貌等原则,促进学生语言、思维的发展和教学质量的提高。

第三章
英语自主学习

自主学习能力的培养一直是国内外教育界关注的一个重要论题。近年来,大学英语教学改革正在全国范围内有声有色地进行中,学生的自主学习不仅成为必要的教学环节,提高自主学习能力更是成为大学英语学习的重要目标。2007 年教育部下发的《大学英语课程教学要求》作为此次教改的纲领性文件起到了极其重要的指导作用。它强调"应充分利用现代信息技术,采用基于计算机和课堂的英语教学模式""增强其自主学习能力",使英语的教与学"朝着个性化学习、自主式学习方向发展"。《大学英语教学指南》(2015 版)对基于目标的课程设置也专门提到"各高校大学英语课程设置要兼顾课堂教学与自主学习环节,建立与不同课程类型和不同需求级别相适应的教学模式,促进学生个性化学习策略的形成和学生自主学习能力的发展"。

本章探讨在基于计算机和课堂相结合的教学模式下非英语专业学生的自主学习状况:第一节关注的是学生在学校宏观的,尤其是跟课程相关的语音室视听说课程的自主学习状况;第二节是关于基于移动设备尤其智能手机的学习调查;第三节是和自主学习相关的重要方面探究式学习的运用;第四节探讨提高自主学习的策略。

第一节　网络环境下自主学习现状调查

自主学习的概念源于 20 世纪 60 年代对终身学习和独立思考的讨论。20 世纪 80 年代亨利·霍莱克(Henri Holec)正式提出了学习者自主性(learner autonomy)的概念,此后,自主学习受到国内外语言学界广泛的关注。Holec,H. 的自主学习指的是学习者在学习过程中"能够对自己的学习负责";Little,D. 认为自主学习本质上就是学习者对学习过程的心理练习问题,也就是拆分、反思、决策、独立行为的能力;Littlewood 把其定义为"学习者不依靠老师而使用所学知识的能力"。虽然学者们对自主学习的定义有所差别,但都强调学习者对自己的学习担负更多的责任。网络环境下大学英语教学改革对学生学习方式、管理过程提出了新的挑战。本研究结合山东某大学目前的教学实际探讨基于计算机和课堂的模式下学生自主学习的现状。

一、研究设计

(一)研究问题

本研究旨在解决以下几个问题:

(1)网络环境下非英语专业大学生自主学习包括哪些方面?

(2)在教学改革过程中,网络环境下的非英语专业大学生自主学习现状如何?

(3)自主学习能力与四级成绩是否具有相关性?相关程度如何?

(4)成功学习者和成功学习者之间,不同教学班(A 班、B 班)学生,男、女生之间在自主学习方面是否有显著性差异?

(二)研究对象

本次调查对象为2006年教育部确定的大学英语教学改革示范点之一的山东某综合性大学二年级746名非英语专业学生,其中男生189名,女生557,分别占25%和75%(表3.1)。这些学生分别就读于四个专业,涵盖文、理两个方面,文科生占44%,理科生占56%。具体分布如下图所示。他们的年龄在18~21岁,平均年龄20岁,从一入校起就是在基于计算机和课堂的教学模式下进行学习,具体学习方式为:读写译+视听说+课内外自主学习。其中读写译课在多媒体教室进行授课,视听说和自主学习在网络学习中心进行。

表3.1 调查对象的基本情况(按性别划分)

		频率	百分比	累积百分比
有效	男	189	25.3%	25.3%
	女	557	74.7%	100.0%
	合计	746	100.0%	

此外,从英语课程伊始就对所有非英语专业本科学生实行分级教学,即根据其高考入学成绩和分班测试成绩总和评定划分为A、B教学班,分别约占各学院的20%和80%。A班是成绩比较优秀的学生。此次调查对象中,A班学生占42%,B班学生占58%(表3.2)。

表 3.2 调查对象的基本情况(按不同教学班划分)

		频率	百分比	累积百分比
有效	A 班	312	41.8	41.8
	B 班	434	58.2	100.0
	合计	746	100.0	

(三)研究工具

研究工具主要为问卷调查和访谈。

调查问卷分为两部分:第一部分为学生的个人信息,包括性别、所在学院及所在教学班;第二部分为《非英语专业大学生自主学习能力问卷》①。本研究中英语自主学习能力的操作定义既参考了中外学者的经典定义,同时也以我国大学英语教学场域的实际情况为参考,以期力求最真实地反映"自主学习者"这一概念在信息化背景下大学英语教学背景下的内核。

关于自主学习的维度和构成要素,不同学者观点不一。Holic,H. 认为自主学习是学习者能够自觉确定学习目的和目标、选择学习方法、监控学习过程、评价学习结果的过程。Little,D. 认为自主学习表现为三种能力:进行客观的、评价性反思能力,做出决策的能力,以及采取独立行动的能力。国内研究者对于英语自主学习能力的概念理解存在较大差异。张立新、李宵翔将自主学习能力理解为学习策略使用能力, 据此设计了涵盖元认知策略、认知策略、情感策略和社会策略的调查问卷。张殿玉将自主学习能力概括为自主学习的态度和能力。陈坚林自主学习情况调查问卷主要分三个维度,分别为网络自主学习总体情况(如上网学习时间, 学习计划和目的等,网络学习时采用的学习策略(如碰到生词或问题如何处理, 练习做错时如何处理等),以及学生对网络环境下的自主学习的看法。闫莉编制的含 19 个题项的量表考察了学生课堂内外的计划和监控能力。胡杰辉设计的自主学习能力量表涵盖动机、信心、目标内容、学习策略知识以及计划、评估、监控技能等因素②。林莉兰在文献综述的基础上,提出了大学生英语自主学习能力应包含能力、心理和行为三维构念并据此编制了一个由学习者自我管理学习能力、自主学习心理和自主学习行为构成的三维构念的概念模型,最终确定了含 38 个题项的大学生英

① 为避免对学生出现导向作用,所有问卷在实施时统一命名为"非英语专业本科生学习状况调查问卷"。

② 林莉兰:《基于三维构念的大学生英语自主学习能力量表编制与检验》,《外语界》2013 年第 4 期。

语自主学习能力量表。

本研究的问卷是在参考了同仁研究的基础上结合教学实际进行修改形成,共 30 个题项,由五个维度组成:制定目标和计划、课堂使用学习策略、课外使用学习策略、监控与评估学习过程、社交/情感策略及努力自律程度。问卷采用 Likert 五级记分制,每题有五个选项,从“完全不符合”到“完全符合”,并被赋予 1 ~5 的分值,分值越大,说明程度越高。

为了解和保证本问卷的信度,在正式测试之前就问卷项目征求了部分教师意见,并就第二部分自主学习能力问卷在部分学生中进行了前测,之后对部分项目进行修改,去掉一些模糊和区分度不高的项目,以保证问卷的可读性、清晰性,最终形成的第二部分问卷项目情况(表 3.3),内部一致性检验结果表明,本次调查所用的问卷总信度(Cronbach′s Alpha)为 0.963,各维度分量表信度多在 0.70 以上。以上结果表明量表是可信度较高的测量工具,因此调查所得数据可以进一步用作处理和分析。

表 3.3 网络学习自主学习能力问卷个别—总体内部一致性检验

类别	项目编号	项目数量	Cronbach’s Alpha
制定目标和计划	1、2、3、4、5	5	.871
课堂使用学习策略	7、8、9、11、12	5	.861
课外使用学习策略	10、13、14、15、28、29、30	7	.730
监控与评估学习过程	18、19、20、21、22、23	6	.935
社交、情感策略运用	16、17、24、25	4	.847
努力和自律	6、26、27	3	.819
自主学习总量表	1–30	30	.924

问卷第三部分《非英语专业大学生主学习能力问卷》共 10 个题项,主要是跟自主学习相关的选择题和填空题,如“我每周课外学习英语的时间大概是 ________”“经过两年的学习,我觉得自己的英语自主学习能力”“英语学习遇到困难时,我会________”“常用的英语学习网站(或应用)有________”“我认为影响课内外网络自主学习的最主要因素是________”。

访谈为辅助工具,对象为被试中的 15 名 CET4 高分学生和 15 名低分学生。访谈为半结构化的题目,主要针对问卷的题目和英语学习进行。“你课外网络学习资源有哪些?”“网络学习对提高个人英语学习效果如何”“课内外自主学习遇到的困难有哪些”,等等。

(四)数据收集与分析

问卷调查于第四学期,由其任课教师在班级群里通过问卷星进行,发表问卷前声明他们的作答只用作研究,不会给学业成绩带来影响,以反映被试真实的心理和行为状态,保证研究的信度。本次调查总共收到问卷 768 份,由于很多分析要结合四级成绩,去除有漏填该项目的问卷,有效问卷共 746 份。

问卷中包含一个反向题(第 30 题)"对于各种任务作业,我都上网查查或借鉴下同学的应付了事",用 SPSS 分析之前先进行调整、反向赋值。所得数据均采用社会科学软件(SPSS17.0)进行分析。访谈于第四学期结束前进行。访谈结果为问卷的补充(表 3.4),为研究结果和讨论提供进一步依据。

二、研究结果与讨论

(一)整体自主学习能力和各维度结果

1. 学生的整体自主学习能力

表 3.4 学生整体自主学习及在各维度的描述性统计结果(N of cases=746)

	N	极小值	极大值	均值	标准差	方差
策略均值	746	1.13	5.00	3.1159	.65394	.428
制定目标计划	746	1.00	5.00	3.1190	.80307	.645
课上使用策略	746	1.00	5.00	3.0509	.72788	.530
课下运用策略	746	1.14	5.00	3.1229	.59775	.357
监控反思	746	1.00	5.00	3.1224	.78524	.617
社会、情感策略	746	1.00	5.00	3.1451	.75628	.572
努力自律	746	1.00	5.00	3.1171	.79933	.639
有效的 N (列表状态)	746					

描述性统计显示,总体上学生的自我管理能力处于中等水平(M=3.1159)。其六个维度中均值落入中等区间内(3.0509~3.1451):在六个维度中社交情感策略平均值最高(M=3.1451),此结果与前人研究[①]相一致,而课上使用策略值最低(M=3.0509);制定目标计划标准差最大(SD=.80307),这表明学生会主动运用情感策略,调节不良情绪、使之

① 刘润清、戴曼纯:《中国高校外语教学改革现状与发展策略研究》,外语教学与研究出版社,2003年,第 169 页。

朝积极方向转化为动力，说明学生在该项目的得分差异性最大；在 30 个题项中，第 13 项（“课后，我认真完成老师布置的作业”）分值最高（M=3.66），这说明学生对于教师规定的作业还是非常重视的；第 24 项（“当答题或网络测试成绩不理想时，我总是暗暗鼓励自己千万不能泄气”）分值排在第二（M=3.44），这说明学生能够主动鼓励自己、以积极的态度面对挫折；第 29 项（“我积极参加各类英语实践活动（话剧比赛等）”。）得分最低（M=2.65），说明学生参加英语实践活动的主动性较低；第 4 项（“我能很好地安排自己的网上学习进度”） 标准差最大（SD=1.083），说明在控制进度方面学生差异最大。

2. 制订目标与计划

关于制定目标和计划，从统计分析来看（表 3.5），更多的同学（选择“有时符合”以上的占近 78%）会制定相对长期的学习目标，如一学期。但学生对短期尤其是固定时间的学习目标规划能力相对较弱，制定每节课目标的学生相对少些（题项 2 选择“有时符合”以上的占 72%）。通过访谈和观察，笔者了解到学生一般对较长的时期如一学期会有大概规划要通过特定考试、学完特定教材内容、进度和学时的总体要求比较明确，但是具体到某一节课尤其是视听说课内容的自主学习更习惯跟着教师安排的任务进行；如果没有统一规定部分学生会“跟着感觉走”比较随意，这也解释了在题项 4 上学生在能否很好地安排自己的网上学习进度方面差异最大（SD=1.083）。

表 3.5 学生制订目标与计划的描述性统计结果

题目/选项	A 完全不符合	B 通常不符合	C 有时符合	D 通常符合	E 完全符合	平均分	标准差
1. 对英语学习（包括网络上机学习），每学期我有明确的学习目标	6.17%	16.22%	46.25%	22.92%	8.45%	3.11	.982
2. 对英语学习（包括网络上机学习），每节课我有明确的学习目标	6.3%	21.31%	44.77%	21.05%	6.57%	3.00	.969
3. 为了使自己有足够的时间学习英语，我很好地安排自己的学习日程	4.42%	21.98%	45.71%	21.31%	6.57%	3.04	.934
4. 我能很好地安排自己的网上学习进度	5.5%	18.9%	36.46%	24.93%	14.21%	3.23	1.083
5. 为了完成学习任务，我会制订学习计划	3.35%	18.1%	43.43%	24.53%	10.59%	3.21	.970

3. 课上学习策略使用

从课上策略使用来看，学生使用较好的是做笔记（近79%的学生有该习惯），这一方面是因为很多学生在中学形成记笔记的习惯，另外跟老师和学生访谈得知，很多教师把记笔记当成一项课上要求，甚至计入形成性评价，还有的学院举行笔记比赛这都促进学生该习惯的养成（表3.6）。策略平均分较低的是第八项“上机时，我认真跟读句子和做听力练习”，观察和访谈了解到，课程开始时，如第一学期学生对于上机听说课练习中的跟读、口语表达等比较积极，但是随着学习的推移，学生在视听说课自主练习时开口说英语频率有所下降，不如刚开始上机学习的热情高涨，而且这种个人“缄默”与否跟班级整体氛围有很大影响。

表3.6 学生课上学习策略使用情况的描述性统计结果

题目/选项	A 完全不符合	B 通常不符合	C 有时符合	D 通常符合	E 完全符合	平均分	标准差
1. 上课时，我注意力很集中	3.62%	19.17%	46.92%	25.34%	4.96%	3.09	.884
2. 上机时，我认真跟读句子和做听力练习	6.57%	23.06%	45.71%	20.24%	4.42%	2.93	.932
3. 上课时，记录和整理重要或不熟悉的表达	4.56%	16.89%	40.62%	28.55%	9.38%	3.21	.984
4. 上课时，我积极思考和回答老师的问题	4.56%	19.97%	47.45%	22.65%	5.36%	3.04	.907
5. 上课时，我积极参加老师组织的活动（如讨论、演讲）	4.69%	20.78%	43.03%	24.8%	6.7%	3.08	.952

4. 课下有效使用学习策略

整体来看，课下学习方面学生比较注重和课本、作业有关的学习活动，尤其能够“认真完成老师布置的作业”，其次选择材料进行阅读等（表3.7）。但是在参加各种活动尤其是英语实践活动如话剧比赛方面较少。一方面，因为受制于举办方组织、可参加总体实践活动较少，而（第5项）答题类竞赛类活动如全国大学生英语竞赛、“外研社杯”阅读大赛、写作大赛举办较多、规模较广，学生借助这些平台的参与稍多；另一方面，英语实践活动对口语水平和信心、参与积极性等有很大关系，学生整体上口语水平不高，对口头表达存在一定畏难情绪。此外，第5项是否“积极参加各种竞赛和活动”方差最大，说明这是学生差异较多的方面。

表 3.7 学生课下有效使用学习策略的描述性统计结果(N of cases=746)

题目/选项	A 完全不符合	B 通常不符合	C 有时符合	D 通常符合	E 完全符合	平均分	标准差
1. 课后,我主动朗读和背诵单词、句子	4.69%	22.79%	47.59%	19.57%	5.36%	2.98	.909
2. 课后,我认真完成老师布置的作业	2.55%	8.18%	29.09%	41.29%	18.9%	3.66	.959
3. 我选择除课本外的适合自己英语水平的材料来学习	4.42%	18.5%	43.83%	24.53%	8.71%	3.15	.967
4. 课外我主动找机会在电脑或手机上学习英语,如听英语广播,阅读文章	3.89%	19.57%	44.24%	23.32%	8.98%	3.14	.962
5. 我积极参加各类英语竞赛类活动	8.45%	23.73%	38.61%	21.18%	8.04%	2.97	1.053
6. 我积极参加各类英语实践活动(话剧比赛等)	11.39%	33.78%	37.4%	13.67%	3.75%	2.65	.978
7. 对于各种任务作业,我都上网查查或借鉴下同学的应付了事	10.32%	30.56%	43.7%	11.93%	3.49%	2.68	.935

在课外学习英语时间方面,学生所用的时间整体不多,且有很大的差异性,22.65%的学生在 1 小时以内,21.85% 在 1 ~2 小时, 19% 的学生在 2 ~4 小时(表 3.8)。访谈中发现,学生在大学阶段英语学习方面时间差异很大,有的学生有固定的学习习惯,如朗读英语或背诵单词;整体方面,对大部分学生而言,随着考试(如期末考试、四六级和考研)的临近才在该课程上投入更多的时间以做好考试准备,很好地安排自己的网上学习进度。

表 3.8 学生每周课外学习英语的时间统计

学习时间	小计	比例
从不学习	25	3.35%
0~1 小时	169	22.65%
1~2 小时	163	21.85%
2~4 小时	142	19.03%
4~6 小时	91	12.2%
6 小时以上	55	7.37%
不一定	101	13.54%

5. 监控与评估英语学习过程

在监控与评估英语学习过程方面,83%的学生对改进自己的英语学习有明确的要求,81%的学生研究自己的个性特点,找出优势和不足,进而发挥优势,克服弱点,80%的学生评价自己英语学习进步的状况,从而找出薄弱环节和改进措施,78%的学生借鉴英语成绩优秀者的学习经验,进而改进自己的学习策略(表 3.9)。但是在"评价自己的网上学习策略,从而找出存在的问题和解决办法"及"定期检测预先制订学习计划完成的情况"的学生比例稍低,分别 74%和 72%,这说明学生往往重视订计划,但在定期检查尤其是评价网络学习策略方面还有待提高。

表 3.9 学生监控与评估英语学习过程

题目/选项	A 完全不符合	B 通常不符合	C 有时符合	D 通常符合	E 完全符合	平均分	标准差
1. 我借鉴英语成绩优秀者的学习经验,进而改进自己的学习策略	4.02%	17.83%	46.65%	25.74%	5.76%	3.11	.903
2. 我研究自己的个性特点,找出优势和不足,进而发挥优势,克服弱点	3.75%	15.15%	45.17%	28.42%	7.51%	3.21	.919
3. 我评价自己英语学习进步的状况,从而找出薄弱环节和改进措施	3.49%	16.49%	44.77%	28.28%	6.97%	3.19	.912
4. 我对改进自己的英语学习有明确的要求	2.95%	13.81%	46.65%	28.95%	7.64%	3.25	.890

续表 3.9

题目/选项	A 完全不符合	B 通常不符合	C 有时符合	D 通常符合	E 完全符合	平均分	标准差
5. 我评价自己的网上学习策略，从而找出存在的问题和解决办法	4.56%	21.45%	48.39%	19.97%	5.63%	3.01	.907
6. 我定期检测预先制定学习计划完成的情况	4.16%	23.86%	47.45%	19.57%	4.96%	2.97	.894

6. 社会、情感策略

情感策略的目的是调控语言学习过程中的各种情感因素。在自主学习的几个维度中，情感策略平均值最高。调查显示 87% 的学生在答题或测试不理想时，能够暗暗鼓励自己不能泄气，85% 的学生注意自己的情绪变化并有意识地调节（表 3.10）。相对而言，学生的社会策略运用的并不理想，向老师求助及和同学讨论较少（第 16、17 题均值较低）。在半结构访谈中也有类似发现，社会策略运用频率却很低，学生与教师及其他学生的交流明显不足。谈到英语遇到困难时的策略，学生首选的是“去网上搜索”（80.83%），其次才是“找同学商量”（36.46%）和“通过学习平台给老师发消息”（17.69%）（表 3.11）。

表 3.10　学生社会、情感策略运用情况

题目/选项	A 完全不符合	B 通常不符合	C 有时符合	D 通常符合	E 完全符合	平均分	标准差
1. 课内外，我经常和同学或其他英语学习者讨论、交流网上学习问题	6.97%	28.55%	44.77%	15.28%	4.42%	2.82	.928
2. 学习英语有困难时，我经常积极寻求老师或同学的帮助	5.09%	21.45%	46.38%	20.91%	6.17%	3.02	.935
3. 当答题或网络测试成绩不理想时，我总是暗暗鼓励自己千万不能泄气	2.28%	10.05%	40.62%	35.52%	11.53%	3.44	.903
4. 学英语时，我注意自己的情绪变化并有意识地进行调节	2.68%	12.47%	44.24%	32.57%	8.04%	3.31	.886

表 3.11 英语学习遇到困难时的解决之道

选项	人数	比例
去网上搜索	603	80.83%
找同学商量	272	36.46%
通过学习平台给老师发消息	132	17.69%
回避或绕过去	128	17.16%
找老师解决	112	15.01%
问师哥师姐	90	12.06%

7. 努力、自律程度

对自己的努力状况及约束方面,74%的学生认为有在英语学习方面非常努力的表现(表3.12),77%的学生有很强的自我约束能力,能保证足够网上学习英语的时间,近81%的学生选择在"有时符合"以上能够处理好英语学习和娱乐的关系。

表 3.12 学生在努力、自律方面的分析(N=746)

题目/选项	A 完全不符合	B 通常不符合	C 有时符合	D 通常符合	E 完全符合	平均分	标准差
1. 我自己在英语学习方面非常努力	5.09%	20.64%	46.92%	21.31%	6.03%	3.03	.930
2. 我有很强的自我约束能力,能保证足够网上学习英语的时间	4.29%	18.77%	43.57%	25.74%	7.64%	3.14	.951
3. 我能够处理好网络英语学习和娱乐的关系	3.75%	15.55%	46.25%	26.94%	7.51%	3.19	.917

(二) 自主学习能力与四级成绩相关分析

统计学中一般认为0.2～0.4为低相关;0.4～0.7为切实相关,即较显著的相关;0.7～0.9为高相关,即显著的相关①。运用SPSS相关分析可以看出,学生的整体自主学习能力与大学英语四级(CET4)成绩相关(r=.303, Sig. =.000),也就是说学生的自主学习能力高,四级成绩越高(表3.13)。但该相关属于低相关。部分原因可能是本次统计的大学英语四级考试还是传统的笔试形式,而非网络考试,最主要的原因是影响四级成绩

① 秦晓晴:《外语教学研究中的定量数据分析》,武汉:华中科技大学出版社,2003年,第238页。

的因素众多,如学生英语基础、整体学习策略的运用、学生考场的发挥,等等。

表 3.13 自主学习能力与四级成绩相关分析

		策略均值	四级笔试成绩是
自主学习均值	Pearson 相关性	1	.303**
	显著性(双侧)		.000
	N	746	746
四级笔试成绩	Pearson 相关性	.303**	1
	显著性(双侧)	.000	
	N	746	746

**. 在.01 水平(双侧)上显著相关

把被试按四级成绩高低划分为高分组(前 25%)和低分组(后 25%),进行其自主学习比较,发现高分组的策略均值 M=3.3536,低分组为 M=2.8645(表 3.14)。独立样本 T 检验显示(表 3.15),学生英语水平不同,其自主学习能力也不同,高分组与低分组之间存在显著性差异(t=-7.648,df=370,p<0.05)。当学生英语水平较低时,他们的自主学习能力也显著低于英语水平较高的学生(MD=0.49)。

表 3.14 高分组和低分组描述统计量表(高分组 501-607;低分组 286-425)

	高低分组	N	均值	标准差	均值的标准误
策略均值	低分组	186	2.8645	.66427	.04871
	高分组	186	3.3536	.56516	.04144

表 3.15 高分组和低分组之间的独立样本检验

	方差方程的 Levene 检验		均值方程的 t 检验						
								差分的 95% 置信区间	
	F	Sig.	t	df	Sig.(双侧)	均值差值	标准误差值	下限	上限
策略均值 假设方差相等	1.638	.201	-7.648	370	.000	-.48907	.06395	-.61482	-.36332
策略均值 假设方差不相等			-7.648	360.742	.000	-.48907	.06395	-.61483	-.36331

(三)不同分级教学班的自主学习能力

被试所在的学校大学英语教学采用分级教学形式,即在入学之初根据学生的英语测试成绩分为A、B两个不同水平的教学班:A班为成绩较好的学生,B班依次水平低些。各教学班在教师配备上没有差别,但在授课内容和进度上有所差别。

把被试按不同分级教学班进行其自主学习比较,发现A班的策略均值M=3.2072,B班均值为M=3.0502(表3.16)。独立样本T检验显示(表3.17),学生所在教学班不同,其自主学习能力也不同,A班与B班之间存在显著性差异(t=3.254,df=744,p<0.05)。因此从整体看,当英语水平较低班级的学生的自主学习能力也显著低于英语水平较高的A班学生(MD=0.16)。这一结果和上一部分对高、低分组的学生结果相似。

表3.16 不同分级教学班描述统计量表

	教学班	N	均值	标准差	均值的标准误
策略均值	A班	312	3.2072	.60669	.03435
	B班	434	3.0502	.67902	.03259

表3.17 不同分级教学班独立样本检验表

		方差方程的Levene检验		均值方程的t检验						
									差分的95%置信区间	
		F	Sig.	t	df	Sig.(双侧)	均值差值	标准误差值	下限	上限
策略均值	假设方差相等	3.549	.060	3.254	744	.001	.15693	.04823	.06225	.25161
	假设方差不相等			3.314	709.865	.001	.15693	.04735	.06396	.24989

(四)不同性别学生的自主学习能力

性别差异方面,描述性统计显示女生(M=3.1616)比男生(M=2.9811)总体均值略高,且前者离散程度更大。这说明男生在网络学习自主学习能力方面个体差异更大。独立样本T检验结果显示,男女生这种差异具有显著性差(t=-2.994,df=278.610,p<.005)。

三、结语

对网络环境下自主学习现状调查发现，学生的整体自主学习能力处于中等水平（M=3.1159）。其五个维度中均值落入中等区间内（3.0509～3.1451）：首先，在五个维度中，社会情感策略平均值最高（M=3.1451），而课上使用策略值最低（M=3.0509），学生的自主学习能力与大学英语四级（CET4）成绩相关（r=.303，Sig.=.000），高分组与低分组之间、A班与B班之间、不同性别学生的自主学习能力存在显著性差异（$p<0.05$），英语学习成功者更擅长于计划安排自己的学习，高分组的学生会更主动地寻找并利用每一个练习英语的机会；其次，英语学习成功者善于反思自己的学习方法和过程；最后，英语学习成功者在学习过程中善于自我引导。例如，他们会根据自身的情况选择适合的学习材料，根据任务特点选择学习策略，并借鉴向英语学习优秀者的学习经验，取长补短，因此，提高自主学习能力对学习者的语言学习非常重要。

第二节　基于智能手机的自主学习

一、研究背景

移动学习（mobile learning）是近年来兴起的一种新型学习模式，主要指的是借助无线网络和移动终端的帮助，使学习者摆脱时空限制，能在任何时间、任何地点进行学习。近年来，随着WIFI、蓝牙、3G、4G以及5G等无线通信技术和网络技术的迅猛发展和智能手机、MP4、平板电脑等移动电子终端设备的日益普及，移动技术逐渐渗透到现代人工作、学习、生活的各个领域[①]。随着信息网络技术的快速发展和更新，移动学习作为一种全新的英语学习模式已成为现代英语学习和教育研究的发展潮流。

在国外，移动学习的研究主要以欧洲和北美经济发达国家为主，经由教育机构提倡，以学校教育为基地，通过移动平台改善教学和管理。国外移动学习研究主要集中在四个方面：①将移动设备广泛运用到教育的可行性；②开发移动学习的资源；③充分利用短信服务业务，为交流手段广泛运用；④建设WAP（Wireless Application Protocol）教育站点，方便教师

① 薛建强：《大学英语移动学习模式的构建与发展研究》，《实验技术与管理》2014年第3期。

教学和学生学习。①

我国关于移动学习的研究基本上是从进入新世纪后开始的，但是发展势头迅猛。教育部高教司在2001年发布了以建设移动学习平台为目标的试点项目“移动教育理论与实践”；2013年首届中国移动学习展在北京召开。近年来，随着科技的发展，尤其自从智能手机进入市场以来，移动网络学习作为一种新型学习方式，是数字化学习（digital learning）和多媒体学习（multimedia learning）的延续。

目前国内很多高校都开展了移动学习的相关研究，而且有很多移动学习教学实践应用的宝贵经验，但是总体来看，多数移动学习研究仍然处于探索阶段，离系统研究和大规模应用还有一定的距离。以往研究较多关注“教”或者教师规定的在线学习材料的学习应用情况，对学生自己碎片化的移动APP上的自主学习研究较少。我校非英语专业大学生智能手机上英语类APP使用情况与个别老师的推荐有关，缺乏系统的研究。本研究致力于明确非英语专业大学生移动网络自主学习现状和作用，探讨如何利用智能手机平台提高大学生英语学习能力。

二、现状调查

（一）研究内容

本研究旨在明确非英语专业大学生基于智能手机的移动网络自主学习现状和作用。主要调查以下几方面：

（1）非英语专业大学生是否进行移动学习，目的或动机是什么？

（2）非英语专业大学生常用的英语类APP（应用程序）有哪些，使用频率如何（学习时间点和长度）？

（3）他们使用英语类APP面临哪些问题？

（二）研究对象

研究对象主要在2016级和2017级本科生中进行（表3.18）。2016级学生已基本完成两年的英语课程学习，2017级刚进行完一年的学习。此次问卷调查2016级总共762人，其中男生199人、占26%，女生563人、占74%；文科生335人、占44%，理科生427人、占56%；2017级562人，其中文科生99人、理科生463人，分别占2017级被试总数的17.62%和82.38%。

① 任桂玲：《利用移动平台，提升大学生英语学习能力》，《当代教育科学》2015年第11期。

表 3.18　调查对象构成情况

被试	2016 级	比例	2017 级	比例
男生	199	26.12%	150	26.69%
女生	563	73.88%	412	73.31%
总人数	762		562	

(三)研究工具和数据收集

本项目采用实证调查研究、定量与定性研究相结合的方法,进行非英语专业大学生移动环境下自主学习行动研究,以调查问卷、学生访谈、观察法等多种途径相结合的方式,制定研究框架,设计问卷及访谈项目。

为保证问卷调查的信度和效度,在正式测试之前征求部分教师意见,加以完善。为让被试者能如实作答,在问卷中没有设置“姓名”这一个人信息项目,且特别说明“本研究只作团体性分析,不会对学业成绩造成影响”。研究者设计好问卷题目,整理成电子文本格式,用“问卷星”于 2018 年上半年以在线抽样调查形式进行,通过微信或 QQ 链接由任课教师发布到所在教学班,学生完成答卷,并在线提交,共收回问卷 1 330 份,其中有效答卷 1 324 份。

半结构访谈作为定量研究的补充,选择大一和大二部分学生访谈。时间选在课间,召集一部分同学交流他们利用手机学习英语的问题,如“用手机软件背单词会不会增加你的费用负担”?“遇到那些困难”?“能否处理好学习和娱乐的关系”等。

(四)结果和讨论

1. 学习工具和动机

2016 级被调查的 762 名学生中,85.56% 的同学拥有个人电脑,在对 2017 级被调查的 562 名学生中,53.2% 的受访者拥有个人电脑;手机目前已经为每人必备的沟通工具,普及率为 100%,但在学习方面, 2017 级学生中 89.15% 的学生在手机上学习英语,2016 级中 90.03% 的学生会在手机上学习英语(表 3.19)。由此可见年级越高,个人电脑购买比例增高,用手机进行学习的比例也越高。高年级的学生利用手机进行学习的行为能力较低年级的学生要强主要原因是刚入校的大一学生在手机学习方面经验稍少,需要给予必要的指导,这也表明大一是学生了解、适应时期,再加上部分农村、城镇入学的学生可能由于上大学前使用网络比较少, 在电脑购买和手机利用率方面都略低。

表 3.19 是否用手机进行英语学习的调查结果

	2016 级		2017 级	
	人数	比例	人数	比例
学习	686	90.03%	731	89.15%
不学习	76	9.97%	89	10.85%

关于学习动机方面，调查显示 2016 级非英语专业大学生进行移动学习的目的主要有五方面（表 3.20）：查字典（有道辞典居多）、听英语歌曲、练习听力、看英文电影消遣、练习口语。在对 2017 级学生的调查中，该结果略有不同："练习口语"排在"看英文电影消遣"前面，说明学生对口语学习越来越重视。但不管哪个年级的学生更喜欢把手机作为查单词的工具，手机在线词典应用具有查找快捷、携带方便的特点，正逐步取代传统的纸质词典。

表 3.20 学习动机的调查结果

选项	小计	比例
查字典	625	82.02%
听英语歌曲	436	57.22%
练习听力	420	55.12%
看英文电影消遣	321	42.13%
练习口语	238	31.23%
看英语新闻	110	14.44%
了解中西文化	109	14.3%
其他	49	6.43%
本题有效填写人次	762	

生活中，对于遇到问题的解决途径，很多人会选择"上网搜索答案"。本次调查发现英语学习中也有相似现象，手机是学生遇到问题时重要的求助途径。在遇到困难时"去网上搜索"成为学生的首要选择，其次才是"找同学"，仅 15% 的学生会选择"找老师解决"（表 3.21）。

表 3.21 学生遇到问题时的求助策略(2016 级)

求助策略	小计	比例
去网上搜索	612	80.31%
找同学商量	277	36.35%
回避或绕过去	136	17.85%
通过学习平台给老师发消息	135	17.72%
找老师解决	113	14.83%
问师哥师姐	90	11.81%
总人数	762	

2. 使用及学习状况

关于每天学习时间长度,结果显示 2016 级被调查者每天在手机上进行英语学习的时间集中在 30 分钟以内(占 78.08%)。这个时间在 2017 级被调查者中占 83.63%(图 3.1)。

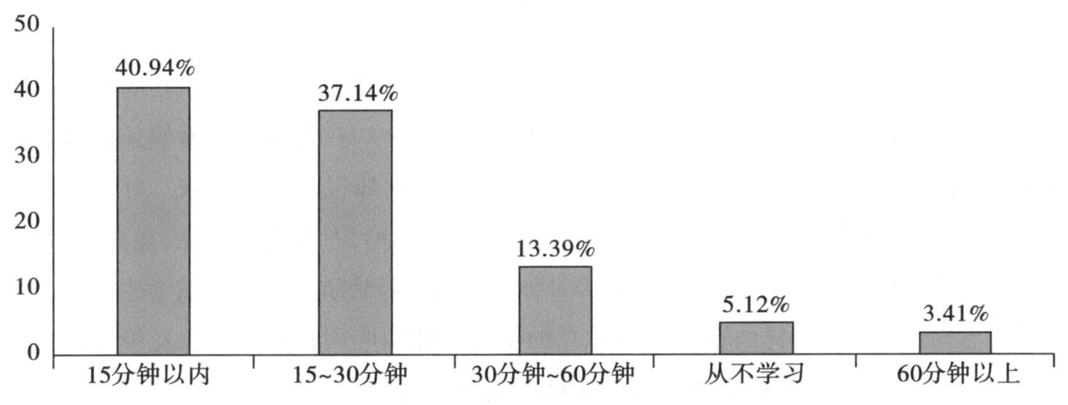

图 3.1 学生每天在手机上进行英语学习的时间长度

在学习时间段方面,近半数学生(2016 级 56.3%、2017 级 46.8%)学习时间“很随机,没规律”,这也表明学生没有形成系统的学习习惯,只是在零碎时间利用手机学习。2016 级 19.82%、2017 级 36.83% 的学生选择早晨上课前在手机上学,2016 级 21.65%、2017 级 20.11% 的学生选择晚上睡觉前在手机上学英语。

关于问题“我手机装有的英语应用程序有______”,调查显示 2016 级和 2017 级学生手机中排在前几位的英语应用程序是背单词和口语方面的应用,如百词斩、有道词典、FiF 口语训练营、扇贝、英语流利说、可可英语、VOA 英语。英语学习应用或资源的来源方面，两个年级的学生都显示排前三位的是“自己查找”“老师推荐”和“同学介绍”。

上网花费方面，2016级和2017级学生大致差不多。近半数学生在30元左右。访谈中了解到，学生一般使用包月数据流量，30元左右的流量能够满足其日常交流和学习使用。

3. 效果和挑战

关于利用手机进行英语学习对自己语言水平提高程度的效果反馈见表3.22。可以看出，多数学生认为用手机进行英语学习对自己语言水平的提高有帮助：2016级和2017级分别占90.94%和90.37%；但是仅有小部分学生认为有“很大帮助”，2016级和2017级分别占30.18%和34.27%。

表3.22 利用手机进行英语学习对自己语言水平提高程度的调查结果

选项	2016级	比例	2017级	比例
有很大帮助	230	30.18%	281	34.27%
有帮助，但不是很大	463	60.76%	460	56.10%
不清楚	50	6.56%	66	8.05%
没啥帮助	19	2.49%	13	1.58%
本题有效填写人次	762		820	

关于面临困难的反馈见表3.23。调查显示学生利用手机进行学习面临的最大问题首先是自制力差，有同学在访谈中也多次提及，本来是想学习，却忍不住看娱乐新闻或者社交平台消息，或者本来制订一个很好的计划，学了几次却很难坚持下来。并且这种状况在课堂上学习也有体现，个别学生时不时看看微信或QQ，有没有新消息，显然，在智能手机成为重要媒介的时代，“专注力”成为一种重要的学习品质；其次，虽然学生有学习需求，但“不知道该如何选择内容”，林林总总的学习软件和应用程序令人眼花缭乱；再次，“基础差，跟不上”主要是因为选择新闻媒体类的学习内容，但跟不上语音节奏或词汇量不够，打击了学习的信心。

表3.23 利用手机进行学习面临的困难（可多选，排序题）

项目	2016级	比例	2017级	比例
自制力差	609	79.92%	432	76.87%
不知该学什么	343	45.01%	249	44.31%
基础太差，跟不上	145	19.03%	129	22.95%
英语资源少	143	18.77%	95	16.9%
费用问题	88	11.55%	62	11.03%

三、教学实践和反思

移动网络学习是现代信息技术和个人发展需求的产物，具有信息量大、内容更新较快、学习不受时间、地点限制等特点，学生能够摆脱传统课堂学习的束缚，结合自身条件和需求，获取广泛的英语学习资源，提高学习效率，所以，基于智能手机的学习可以满足学生个性化的需求，深受英语学生的青睐。

本研究充分体现了以人为本、重视学生个性化发展的教学理念。基于移动学习的实践探索存在两个前提：①90%的同学有在手机上学习英语的经历且认为对英语学习有帮助；②学习英语不会增加其额外花费负担，学生平时的上网流量可用于英语学习。2018年5月开始，项目组对基于智能手机的英语学习应用探索主要集中在以下三方面：

（一）“移动随行课堂”：课上和课下的结合

为更好地利用现代媒体技术辅助课堂教学，促进学生个性化学习，2018级新生中B班使用上海外语教育出版社的《全新版大学进阶英语》（第三版）。这套教材的特点是除了有纸质版、网络版教材，还增加了手机应用版“移动随行课堂”。“随行课堂”是一款集在线课程、学习资源、学习服务于一体的互动式自主学习软件。该应用充分利用移动平台特点，结合教材资源，为学习者提供涵盖听、说、读、写、译、练等多维度技能训练。

该教材的手机应用版内容全面，信息量大，包括单词录音、释意，课文录音、翻译，单元测试等内容。通过手机，学生可随时随地进行预习、练习、复习。但有部分老师在访谈中反馈，虽然大部分老师和学生对该教材和该软件持肯定态度，学生利用率却没有预想高，主要原因是现行的教学评价还是以电脑网络版教材学习为主，手机学习并未成为学习评价的构成要素。在有限的学习时间里，学生还是会倾向和评价相结合的方式。

（二）FiF口语训练APP：练习和测试的结合

北京外研讯飞教育科技有限公司打造的FiF口语训练APP训练内容体系完整，口语题型丰富多样，包括校本题库、考试类口语（四六级口语、托福口语、雅思口语）、生活类口语（旅游出行、海外生活、校园生活、交际策略）、职场口语、基础技能类口语（包括语音、词汇和语法训练）等。该系统主要从朗读完整性、流利度、发音准确度、词汇语法准确度、丰富度等方面进行智能评测即时反馈，准确诊断口语问题。

以该应用为平台，2018年上半年，外研讯飞和大学外语学院共同举办了聊城市第一届AI口语挑战赛，近2 700名学生参加了这场比赛。参赛学生连续七天每天完成既定或者自定的口语任务，FiF口语系统根据回答的完整性、语音的标准性等方面综合评定分数，极大地提高了学生口语练习的积极性，有助学生养成每天练习口语的习惯。另外，该平台的四级口语模块深受学生欢迎。学生在准备四级口语考试过程中，既可以在该平台上进行完整的模拟考试，也可以针对某个题型如朗读或回答问题、角色扮演等环节进行专项训练。目前，学院正尝试借助该应用进行学生期末口语测试，与传统现场一对一或者小组面试相比，这种方式将有效节省教师评分时间，提高测试效率，还能保障测试的统一性和公平性。

(三)班级群/公众号:沟通和分享的结合

目前所有班级都建立了班级 QQ 或微信班级群，主要用来发布通知，上传教学或学习资料。鉴于现在词汇应用程序非常完善且受到 2016 级很多学生的青睐，学生之间的相互带动、语言练习实践对彼此产生了积极影响。2018 年上半年笔者在任教的 2017 级班级发起“课外玩手机不如背单词”的学习英语打卡活动。根据前期对学生的调查，任课教师向学生推荐几款打卡学习应用，如百词斩、有道词典、星火英语、扇贝、BBC 英语听力、可可英语…… 将每天的学习分享页面或截图分享上传至 QQ 群，学生参与热情高涨、非常踊跃，形成了良好的学习氛围。

教学中笔者还发现很多学生虽然重视单词学习，但不爱朗读，发音也不准确，在“说”方面存在畏难情绪，从学期中间(第 8 周)起，在学单词打卡的基础上推出“朗读上传”活动，每周老师指定小组轮流上传朗读英语单词或文章的音频，借此促进输入(听力和阅读)和输出(说)的结合，并对上传音频的学生做出有针对性的指导。

此外，借助学院创立了“I Learn College English”公众号平台鼓励学生多参与，展示英语学习风采、交流英语学习心得。该平台有 “I Listen” “I Speak”和“I Write”三大版块，主要用于发布英语活动、介绍英文知识，尤其鼓励学生推荐和上传经典诗歌、散文、配音分享、英汉互译、学习心得等，为师生展示自我风采创造了良好的氛围。

四、结语

本研究对移动环境下本校非英语专业大学生基于智能手机的英语学习现状进行调查分析，且在教学应用方面做了初步探索。新时代，新技术是机遇也是挑战，未来在进一步加强对学生学习策略引导、增强其自我管理能力、提高学习有效性方面还需开展更多工作尤其是在打造基于“一平三端”(云端网络教学平台，连通“移动端”“教室端”“管理端”三大端口)教学系统的智慧课堂方面应该进行更多的探索。

现代教育技术的发展、数字化进程的不断推进、校园无线网络时代的到来、大学生学习英语的客观需求不断高涨等因素，都将促进大学英语与移动学习更好地融合，这对营造更好的语言学习环境、激发学生的学习兴趣、提高大学英语教学效果都将产生深远的影响，并且从未来继续深造和就业的角度考虑出发，大学生探索、实践多元学习方式，提高自主学习能力和终身学习的能力，旨在更好地适应人才市场的需要。

第三节　基于建构主义理论的探究式学习

一、建构主义理论背景

近年来，探究式学习受到教学理论界和课程改革实践领域的密切关注，甚至成为我国新一轮国家基础教育课程改革大力提倡的学习方式。作为西方最新的认知理论的建构主义可以说是探究式学习的重要理论基础。建构主义不仅是一个哲学概念，更是一种教学观念，其知识观、学习观、师生观等方面的思想对探究式学习有重要的影响和启示。

探究式学习的概念可以追溯到二十世纪初，将探究模式运用到教学实践中则是在20世纪60年代。它是以模仿科学家研究自然的方式用于教学的一种模式，因此又称为“科学探究学习”。目前，根据美国国家科学教育标准中的定义，科学探究也指学生构建知识、形成科学概念、领悟科学研究方法的各种活动。任长松把学校课程中的探究式学习界定为“学生围绕一定的问题、文本或材料，在教师的帮助和支持下，自主寻求或自主建构答案、意义、理解或信息的活动或过程”①。一般认为探究式学习的核心内容包括问题、证据、解释、评价和交流。

新一轮国家基础教育课程改革大力倡导在各科教学中，面向学生开展多样化的探究式学习。这一理念旨在改变至今普遍存在的以教师为中心、学生被动接受的课堂教学方式，提高学生的主动参与和自主学习的能力，探究式学习对于高等教育中的大学英语教学仍然具有实践意义。然而，尽管探究式学习已被作为重要的学习方式被广泛接纳，日益受到密切关注，但是目前大多数研究只集中在基本行动过程、操作步骤、方法技能等具体行为细节上，就总体来看，有关探究式学习的研究稍显薄弱。本部分试从西方最新的认知理论——建构主义的视野下探析探究式学习，促进自主学习和教学效果的提升。

---

① 任长松：《探究式学习：学生知识的自主建构》，教育科学出版社，2005年，第29页。

二、建构主义教学启示

建构主义(constructivism)是行为主义发展到认知主义以后的进一步发展。作为一种新的认知理论,它是多学科可交叉渗透的产物。其源头可追溯到古希腊时期的苏格拉底的“产婆术”。18世纪意大利的哲学家维柯是第一个使用“建构”(construction)一词的人。尽管建构主义由来已久,但建构主义理论的真正兴起确实在20世纪80年代中期。美国实用主义哲学家、教育家杜威的经验自然主义,瑞士儿童心理学家皮亚杰的主客体双向建构论,原苏联杰出的心理学家维果茨基的历史文化心理学理论,奥斯贝尔的意义学习理论以及布鲁纳的发现学习理论等都为建构主义理论的形成奠定了基础。如今,建构主义已成为影响教育理论与实践的最重要的理论。其知识观、学习观、师生观与现在普遍重视的探究式学习有着内在的联系。

(一)知识观

建构主义否认确定性、客观性、永恒性的真理性知识存在,认为知识是发展的,是内在建构的,是以社会和文化的形式为中介的。学习者在认识、解释、理解世界的过程中建构着自己的知识。很多建构主义学者把知识的属性概括为:建构性、社会性、情境性、复杂性和默会性。

探究式学习的本质与核心是学生知识的自主构建。在探究式学习中知识不是预先作为客观真理或权威摆在学生面前,而是让学生在探究、发现的过程中形成个人的理解和判断。同时,探究式学习强调知识的社会构建和情境性,在各个环节鼓励所有成员(包括教师)之间的对话、交流和协商;关注如何更有效地为学习者提供探究的情景和氛围,激发学生探究的欲望。比如在学习《新世界交互英语读写》“Tech Detectives”(科技侦探)主题时,可以引导学生围绕该主题探讨:“What are tech detectives?”(什么是科技侦探),结合课文中三个案例,逐一探究“警察和研究人员如何用水蛭、种子荚、CT扫描等破获案件、解开谜团”,学生仿佛和事件主人公一起从问题走向寻找答案,最终在学习语言和探寻信息中解决疑问。

此外,可以结合翻转课堂是教学方式深化探究式学习。翻转课堂(Flipped Classroom)是将传统的课堂教学顺序翻转,它颠覆传统的教学活动流程,课前完成知识的学习,课上将原课堂讲授的时间变成师生之间、学生之间探讨来促进知识内化。以《新世界交互英语读写》“Wedding Traditions”(婚礼习俗)主题为例,教师可以通过资源推荐和分享的方式让学生课前结合视频、文字材料掌握和婚礼有关的英文表达和婚礼程序等背景知识,课上重点围绕不同国家的不同习俗展开讨论,如探究不同文化中婚礼习俗的异同、原因,鼓励学生介绍自己家乡婚俗的特征等。在此过程中既加深了对文化习俗的认识,也促进了语言输出。

(二)学习观

建构主义认为学习不是由教师向学生传递知识,而是学生自己建构知识的过程。维柯指出人们只能清晰的理解他们自己建构的一切;皮亚杰也提出某些概念除非亲身经历,否则无法真正理解和习得。建构主义者认为学习不是简单的信息积累,而是由新旧知识经验的冲突而引发的观念转变和结构重组。同化和顺应是知识结构发生变化的两种方式。同化是指学习者把外在的信息纳入已有的认知结构,以丰富和加强已有的思维倾向和行为模式。顺应是指学习者已有的认知结构与外在信息产生冲突,引起原有认知结构的调整或变化,从而建立新的认知结构。人的认知水平就是同化和顺应循环往复的过程。教师借助此观念应用于教学可以先从学生熟悉的知识入手,然后引出问题,指引学生一起探究异同,最后达到吸收新知、扩展视野的目标。比如在进行《跨文化交际》教学时,引导学生探究相同手势在不同文化背景的含义,中西方对"dragon"(龙)这一形象也有着不同理解:中国传统文化中是皇权、高贵、尊荣的象征;而在基督教文化里则被形容为邪恶、恶魔的代名词。

学习知识或知识的建构有多种方式,而探究是持续人一生的人类基本的知识构建方式。探究式学习不是传输的过程,知识建构是建构主体围绕自身的需要实现而自主完成的。探究式学习重视先前的经验对新的理解的影响和引导作用,在已有的知识和经验的基础上,学生依据在生活和学习中不能理解、无法解释的现象提出问题,进而搜集资料或进行试验,然后把搜寻到的信息或实验的数据形成新的推理或解释,在评价交流阶段不断修正或调整知识结构(同化和顺应),最终形成新的认知。这种理念也可以应用到词汇的学习,比如根据动词,对其名词、形容词、副词等形式通过加前缀、后缀等方式加以识记;或者考察词源及演变过程加深学习。

(三)师生观

传统教学中,以教为中心,教师的任务是把知识体系灌输到学生的头脑中,教师讲解占去了课堂的主要时间,师生之间缺乏有效的对话和沟通。任长松把这种现象归结为教室里的霸权现象,即知识、话语的霸权都掌握在教师手中。而建构主义认为学生并不是空着脑袋如白纸一般走进教室的,他们已有的经验和学习潜能对于新知识的建构非常重要,因此学生是信息加工的主体,是意义的主动建构者。

建构主义在强调学生认知主体地位的同时,也非常重视教师的指导作用。认为教师是学生意义建构的帮助者、促进者,也是学生的辅导者和合作者。维果茨基认为,个体的发展有两种水平——现实的发展水平和潜在的发展水平。这两种水平之间的区域为“最近发展区”。个体在成人或比他成熟的个体的帮助下能达到其潜在的发展水平,因此,教师作为水平稍高的学习者对学生知识水平的提高能起到促进作用。

教师可以从以下几个方面发挥作用:①使学生处于受尊重和关心的状态,倾听他们的想法,了解并激发其学习兴趣并帮助他们形成强烈的学习动机;②通过提出引起学生兴趣的问题,引起他们的探究的渴望,借助图片、视频等媒介创造符合教学内容的情境,帮助学生建立起新旧知识之间的联系,建构当前所学知识的意义;③在尽可能的条件下,引导和组织学生进行多种形式的小组合作探究,交流讨论等活动,培养其自主学习的能力;④教师自己以研讨者而非权威评判者的身份,适时平等地参与讨论,发挥其信息中介作用,帮助学生将潜在的发展水平转化为现实的发展水平。

总之,建构主义是探究式学习的重要理论基础。在探究式学习中,教师既是指导者,又是参与者,教师和学生之间形成一种平等互动的合作关系,教师应把学生看作课堂活动的主体,赋予学生更多的自主权,实现意义的主动建构,尤其是在信息技术背景下,自主合作探究英语教学模式有助于促进学生有效自主学习。

第四节　自主学习能力提升对策

目前的大学英语教学中,随着传统课堂教学和基于技术手段的混合式教学的紧密发展,自主学习既是必要的学习方式,也是教学的重要目标。调查发现现代技术辅助英语课堂的优势和作用是显而易见的。上节对网络环境下自主学习现状调查表明,学生的整体自主学习能力处于中等水平,自主学习能力与英语成绩呈正相关,关系到学习者终身学习能力的提升,因此,提高学生的自主学习能力具有重要的意义。

一、自主学习现状及问题

自主学习已成为很多高校非英语专业学生中推行的教学模式。课程设置由传统的精读课+听力改为读写译+视听说+课内外自主学习,其中读写译在多媒体教室授课,视听说和自主学习在网络实验室完成,考核形式以终结性评价和形成性评价相结合的方式为主,具体来说,期末成绩= 试卷(笔试)成绩+作业+课堂表现+课外活动+口试成绩。虽然新的教学模式取得一定成效如教学手段多样化,教学评价更为合理,整体上提高学生了学习兴趣等，但是在提高学生自主学习方面仍存在一些问题。

（一）教师教学理念与教学行为存在差距

目前虽然大多数教师明确英语教学改革的必要性，认同教学中应以“学生”而非“教师”为中心，但受传统教学模式的影响，部分教师仍固守原有的教学模式，沿用“复习旧课—导入新课—讲解知识—巩固知识—布置作业”的旧程序，讲课拘泥于课本，授课内容基本上从教师个人角度考虑，以传授知识为主，教师讲解占去了课堂的主要时间，课堂中的英语交际活动很少。任长松把这种现象归结为教室里的霸权现象，即知识、话语的霸权都掌握在教师手中。这种教学模式忽略了学生的需求，很难激发学生的兴趣，调动其主动参与课堂活动。①

从授课过程和评判结果上来看，有些教师并没有很好地贯彻以学生为中心，提高其自主性的理念。在课堂上有些教师很少甚至从不提问，有限的提问也只围绕简单的“yes”“no”等回答性质的问题；信息再现性的、有明确答案的展示性问题多于发散性问题，有的教师也不大组织课内外交际活动，学期末对学生进行评价时，只是凭模糊的印象便草草给出分数。长此下去，学生的学习积极性将大大受挫，其参与性和语言输出也受到影响。

（二）学生学习主体意识不明确，自控力不够

著名语言学家科恩（Cohen）曾指出，语言学习的成功取决于学习者本人，取决于学习者自身的因素及其充分利用学习机会的各种能力。毫无疑问，学生英语水平的提高最终依赖于学习者的学习能力。然而，在实际中，很多学生对大学阶段英语学习的特点并不了解，也很难适应。他们总期待着像中学一样由教师布置学习任务，否则自己不知如何安排学习。平时没有了考试，学生的英语学习时间明显减少，有些同学反映他们只在课上才学英语。显然，学生缺乏主体意识，自己不善于制订学习计划和目标；有些学生即使制定了完善的目标和计划，也不能坚决地投之以行动去认真实施。笔者在对762名学生（表3.24）进行的问卷调查中，约74%的学生认为影响课内外网络自主学习的最主要因素是“自控力不够”，学习的过程中往往会“走神”或偏离应学的内容。

---

① 任长松：《探究式学习：学生知识的自主建构》，教育科学出版社，2005。

表 3.24 影响课内外网络自主学习最主要因素的调查结果

选项	小计	比例
自控力不够	553	74.1%
其他课业负担重	310	41.6%
对英语学习缺乏兴趣	301	40.3%
学生使用网络的条件有限	282	37.8%
缺少学习资源	217	29.1%
网络通畅性不够	185	24.8%
教师辅导力度不够	87	11.7%
若有其他,请填写	8	1.1%
本题有效填写人次	762	

在笔者所做的一次问卷调查中,有近半数的学生反映自己的自主学习能力不强或不清楚。在以往尤其是高中学习过程中,有些学生习惯被动地听老师讲解、做笔记,很少自己主动查阅相关资料。到了大学一旦老师组织一些交际活动,如课前演讲、角色扮演等,他们觉得意义不强,甚至是在浪费时间,对课外英语活动的参与热情也不高。对于规定的课内外网络自主学习,部分学生只是在挂时间,并没有真正用于英语学习。甚至有一小部分学生对大学的科目成绩认为"六十分万岁",学业发展没有积极的高的目标追求。这种态度任其发展下去,不仅不利于本学科的进步,也无益于个人的成长。

(三)计算机网络建设有待完善,监督、交流力度不够

计算机网络教学作为近些年出现的新的学习方式有益于助力学生课上、课下的语言学习。但是,目前还有很多需要完善的地方。在笔者做的调查中,近71%的学生对本校的多媒体网络学习设备持"较满意"或"很满意"的态度,24%的学生对硬件设施"感觉一般",6%的学生"不满意"(表3.25)。关于影响课内外自主学习因素的问卷调查中,问题反映最多的是学生使用网络条件有限、缺少学习资源以及网络通畅性不够。这些因素都影响到其自主学习的进度和积极性。在软件建设上,有些学生反映网上学习资料缺乏,建议增加一些趣味性和实用性强的学习资源。此外,针对一些学生没有利用网络进行英语学习的行为(如打网络游戏、聊天等),由于学习平台没有被充分利用,部分教师未能够进行有效监督。网上虽然有一些在线交流,但对于网上答疑学生的参与程度明显不高。

表 3.25　学生对学校的多媒体网络学习设备的满意度的调查结果

满意度选项	小计	比例
很满意	136	18.23%
较满意	390	52.28%
感觉一般	179	23.99%
不满意	30	4.02%
很不满意	11	1.47%
本题有效填写人次	746	

二、提高自主学习能力的措施

（一）提高教师自主性，创造积极的情感氛围

托特·莫洛尼（Tort-Moloney）将教师自主解释为自主的教师明确何时何地、为何及如何在教学实际中有意识地学习教学技能；利特尔（Little）认为成功教师的自主性体现在他们对自己教学工作的个人责任感，他们通过不断的反思与分析，能够最大限度地把握教学过程中的情感和认知，并善于利用课堂的自主空间①。在学习者承担起一定的学习责任、实现从学习依赖到学习自主的逐步过渡过程中，作为导师和顾问的教师要为学习者提供各种支持，善于引导学生树立自主学习的观念和自我负责的行为。在这种自主学习环境中，师生间的互动使得他们成为合作伙伴，双方的认知方法、认知结构以及对事物和观点的理解得到重新构建。

在新的基于信息技术的教学模式中，教师面临不断自我发展的挑战，只有当教师具备自主教学的能力时，教师才能更好地发挥主导作用，因为教师的自主能力先于学习者的自主能力。英语教师应具备熟练运用目的语的能力，为学生提供有意义和可理解的输入，通过掌握二语习得规律和不断进行教学反思来提高教学自主能力和促进自身的自主发展。如在课堂教学中，教师的提问应以参考性问题为主，以增加学生在课堂上的语言输出，从而促进语言习得；在课堂教学及网络互动中及时对学生的提问或回答给出应有的具体的反馈，经常鼓励和赞誉学生的具体进步，从点滴帮助其树立起自信心。

（二）增强学生对自主学习的责任感，加强对其学习策略的培训

毫无疑问，学习效果与学习者的心理准备状态有密切关系。学习者心理准备状态越

---

① 钱晓霞：《试论英语教师职业发展中的教师自主》，《外语界》，2005 年第 6 期。

好,学习效率就越高。大学与中学的学习方式有很大的不同,好的引导能使学生尽快了解课程目标和要求,适应大学英语的学习。任课教师可以先导课为引领,在大学课程伊始,集体备课、集思广益,制定一套完整的先导课方案,由任课老师在课堂上向学生讲清楚,使学生明确大学整体学习尤其是英语学习和中学阶段的不同点,清楚课程特点、目标内容和考核要求,除了学习知识,更重要的是"学会学习"。

自主学习强调主动学习,使学生有兴趣、有信心、有责任地探索和解决问题。这就要求教师除了对学生自主意识的培养,还要关注学生的个体差异,尤其是学习积极性并不高的差生。老师应在英语课程的不同阶段,通过问卷调查、面谈、讨论等方式,主动了解学生关于英语学习的看法,帮助他们分析自己在英语学习中存在的问题和不足,协助他们确立适合自己的长期和短期的学习目标,并制定翔实、可行的个性化学习计划,如教师可以引导学生制定每学期和每周的学习计划,鼓励学生相互交流、相互监督,并检查学习计划的落实情况,以期待帮助学生慢慢养成制定并落实学习计划的好习惯;教师通过问卷、访谈等随时关注学生的学习习惯以及对英语学习策略的掌握情况,然后对所收集的数据或其他材料进行分析,并将分析结果及时反馈给学生、提出建议。通过这种师生和生生之间的沟通活动,老师可以帮助学生明确自己的学习特点和目的,建立正确的学习观念,制订更合理的学习计划。

语言学习策略是学习者为了使语言学习更加成功、更加自主、更加愉快所采取的行为和活动。学习成绩低的学生并不善于使用合适的学习策略,对学习中的困难往往采取拖延、回避的方法,而成绩高的学生则善于利用积极的学习策略。上一节调查发现学生的社交策略并不尽如人意,学生与其他学习者和教师交流不多。英语的教学目的之一是使学生成为自主的学习者,而掌握英语学习策略是使学习者具备自主学习能力的关键,同时只有当学习者能够自主学习,他们才有可能培养终身学习的能力,以适应未来社会和自身发展的需求,因此,教师应重视在教学中提高学生对语言学习策略的认识,培养学生在习得的过程中使用认知策略、元认知策略及社会、情感策略等,营造积极的、互帮互助支持性的学习氛围。加强对学习策略知识的培训,帮助学生学会在实际情况中选择策略。在策略传授方面,老师需要在课堂教学引入不同的学习策略,让学生明确了解不同策略的特点及内容,并使用具体的例子让学生体会使用这些策略和方法的情况。此外,教师还应该结合实际教学过程让学生逐渐熟悉策略的选择和评价方法,使学生积极主动地体验运用学习策略的效果,以及有效计划、组织、管理和评价自己的外语学习。

(三)进一步加强计算机网络建设与管理

第一,完善基础设施和资源建设。随着信息技术在教育领域的应用,网络已经成为大学生进行外语学习的重要途径,这为大学生自主学习模式的构建创造了良好的环境。现代化的教学设施是实现自主学习的重要保障,信息技术基础设施的不足限制了高校学生对网络信息资源的利用。调查发现软硬件的建设是阻碍自主学习的一大因素,加强和完善自主学习中心的建设,改善计算机的配置,提高网速等,以提供强有力的硬件和软件支持,以系统有序、丰富多样的学习资源为软件支撑。学习内容直接关系到学生的学习动力和学习效果,单一枯燥的学习内容会使网络学习流于形式、丧失持久动力。增加和完备英语学习资源,建立多样化和立体化的语料,既有与课程相关的网络课件,又有学生感兴趣的丰富的英文资料,以激发学生学习英语的兴趣、满足不同水平学生的要求。互联网学习具有共享性与时效性,完善技术和资源建设,学生才能在网络自主学习模式下真正实现不会受到时间和空间的限制,随时随地地学习。

第二,以教师、网络监控网络指导为助力。引进和使用相关软件,完善网络交流平台,充分有效地利用在线辅导、监控管理等模块,增加教师与学生、学生与学生之间的互动和交流,保证和提高学习效果。以往有错误观念认为网络学习就是学生自己上机学习,从而使教师解放出来,只是看管学生的"监督者",其实教师应当与时俱进,掌握先进技术和理念。作为教师及网络管理员实时监控学生的学习时间、进度及内容,在鼓励学生认识到网络学习的优势的同时引导他们自觉抵制网络当中的不良信息,对学生的学习提出反馈和建议。目前该系统能自动统计学生的学习时间,并给出学习建议。教师能够与学生在线互动、解惑答疑,同时可以为形成性评价提供依据,合理、实用的网络评价也是大学英语网络学习的重要部分。

第三,以有效网络学习评价为保障。完善系统中的评价构成,加入考勤和灵活的学习质量评估。教学实践中,相对于以往的单个因素如仅从学习时间上评价,应当把学时、学习内容(进度)和学习质量(知识点的掌握和正确率)和学习态度(努力程度)三者共同纳入评价系统才是更为客观的评价体系。教师定时查看系统的相关记录就可以了解学生的情况并予以及时的、有针对性的反馈,从而可以有针对性地对学生进行管理,这样才有助于提高学生更加注重学习质量的提升。

三、结语

基于计算机和课堂的教学模式是外语教学的趋势,也是二语习得研究的一个热点。随着《大学英语课程教学要求》的颁布以及基于《大学英语教学指南》实践在越来越多高校的实践,在大学英语教学中各高校纷纷掀起以现代信息技术,特别是网络技术为支撑,采用新的教学模式,使英语教学朝着个性化、自主式学习方向发展的教学改革热潮。自主学习能力的培养是个渐进的过程,增强学生自主学习能力需要发挥教师、学生、资源等诸多积极因素的作用。

第四章

英语自我效能

随着20世纪下半叶人本主义心理学和建构主义理论的兴起,外语教学理念发生了很大变化,外语教育和外语教学研究的重点和中心转移到了学习者主体——学生本身上来,非智力因素也引起研究者的极大关注和重视,研究发现学习者个人的心理、情感状态对学习效果产生很大影响,人类具有的自我评价、自我反省、自我调节能力发挥着重大作用。自我效能理论(self-efficacy theory)是班杜拉社会学习理论的核心概念,它以环境、行为、人的内部因素三者间的交互作用("三元交互决定论")来阐释人的行为的理论,其特点是强调主体因素对人的学习的必要性以及潜能开发的决定性[①]。自我效能已成为心理学和教育学重要的研究动向。本章在梳理相关文献的基础上对英语学习者的自我效能进行了调查和分析,并提出增强英语学习自我效能的建议。

第一节　英语学习自我效能研究

一、自我效能定义

自我效能这一概念最早由美国著名心理学家班杜拉(Bandura)于1977年提出,它指的是个体对自己具有组织和执行达到特定成就的能力的信念,是个体对自己能力的一种主观感受。它不仅是一种主体性因素,而且是一种介于动机和行为的因素,具有激发动力的作用[②]。前人研究发现,作为个体认知发展中的重要因素之一,自我效能本质上是对自己能力的主观感知,它影响着个体对达到目标而进行的某项活动的兴趣、动机、自信程

① 郭本禹、姜飞月:《自我效能理论及其应用》,上海教育出版社,2008,第25页。

② 郭本禹、姜飞月:《自我效能理论及其应用》,上海教育出版社,2008,第27页。

度等。自我效能是班杜拉社会认知理论的核心概念。班杜拉认为一种行为的启动以及行为过程的维持主要取决于行为者对自己的相关行为技能的预期和信念,这种信念即自我效能,它在人类很多活动领域都扮演着非常重要的角色。简言之,语言自我效能指的是学生对自己完成语言学习任务的能力信念。

二、国外研究现状

在学习的自我效能研究方面,国外的研究已相当深入。研究者发现自我效能与各种相关理论存在紧密关系:自我效能有助于激发学生的内在动机,增加对学习的坚持性进而提高学习成绩;自我效能影响学生的目标设置、归因、自我调节、焦虑程度、策略的选择和使用等重要变量。自我效能一方面直接影响学业成就,是学业成就良好的"预测器";另一方面自我效能通过这些变量对学业成就产生影响。此外,齐默尔曼(Zimmerman)和申克(Schunk)分别在其自主学习模型中提到自我效能,指出二者之间有密切关系。

许多研究表明自我效能是影响自主学习的一个重要的内在动机性因素,它不仅影响学生的目标选择、付出的努力和意志控,还会影响他们所选择的学习策略。现在,国外自我效能的研究焦点已不仅仅局限于探讨自我效能与其他变量及学习成就、动机关系的问题,而是关注有关自我效能的诸多理论与实际问题,如"自我效能的稳定性如何?""自我效能与能力的关系怎样?"

三、国内研究现状

与国外研究相比,我国对自我效能的研究目前还比较薄弱,且研究主要集中在职业选择和教育领域中。近年来,外语学习领域中研究者从开始关注自我效能的介绍到从理论上探讨自我效能与教学实践、学习策略等其他因素关系探讨,对自我效能与外语学习的实证性研究也在逐渐增多。如吴秀文通过对中学生和大学生的调查发现学生的总体自我效能随年龄的增长呈下降趋势,具体的自我效能随语言技能提高而提高。潘华陵、陈志杰通过对英语专业学生自我效能调查发现高年级学生比低年级学生自我效能高,女生比男生、师范生比非师范生自我效能高①。张日昇、袁莉敏调查了自我效能与外语焦虑的关系。张淑芬、余文都调查了大学新生的英语学习自我效能感,大学新生的英语学习

① 潘华陵、陈志杰:《英语专业学生自我效能感调查分析》,《外语学刊》2007年第4期。

自我效能感总体上处于中等水平①。闫嵘和张磊(2015)对英语专业学生的调查发现任务复杂度与自我效能感对外语写作准确度具有显著交互作用,高自我效能感水平学习者在高复杂度写作任务中语言表达的准确度不仅显著高于低复杂度任务,而且显著高于低自我效能感水平学习者在高复杂度写作任务中的准确度。②

在基于网络的新教学模式下,研究者主要从自我效能与自主学习能力、深度学习、环境偏好及教师的自我效能状况开展调查。庞维国借鉴国外研究从宏观上介绍了自我效能与自主学习的关系。陈亚轩、陈坚林在一个班级范围调查了网络自主学习成绩与自我效能感的关系,发现二者正相关。张琪进行了 E-Learning 环境中大学生自我效能感与深度学习的相关性研究,发现网络自我效能感对深度学习具有预测作用且两者之间存在显著正相关。孙先洪(2016)探讨了网络自我效能感与网络英语学习环境偏好的关系。对教师自我效能研究方面,王琦对 150 名高中教师的调查发现其技术知识水平较低,技术整合自我效能及各维度水平中等,但对运用技术有效整合教学提高学习质量信心不足③。孙先洪对山东四所高校教师进行研究,发现其计算机自我效能感与他们的计算机态度各个维度以及总和之间存在着统计意义上的相关④。此外,还有关于自我效能与具体的英语技能如词汇策略、写作关系研究,这些研究发现自我效能与它们都存在相关关系。

如今英语学习中的自我效能受到越来越多的关注,但是另一方面对其研究仍存在很多局限性,多数研究都是自成体系,缺乏宏观理论指导下的框架机制阐释,定量研究较多,定性研究较少;总结、建议式文章多,干预性实验少。未来可以尝试从以下方面进一步研究如:如何使调查问卷更为缜密;探索提高学习者尤其是低水平学习者自我效能的途径;在现代信息技术背景下学生的自我效能感如何;如何提高学习者利用计算机网络学习等进行提高效能感的研究有待于进一步深入。

第二节 自我效能现状调查

在现代技术飞速发展的今天,我国大学外语教育环境发生了改变,《大学英语课程要

① 张淑芬、余文都:《大学新生英语学习自我效能感的调研分析》,《教育心理研究》2010 年第 5 期。

② 闫嵘、张磊:《任务复杂度、任务难度和自我效能感对外语写作的影响》,《外语界》2015 年第 1 期。

③ 王琦:《外语教师 TPACK 结构及其技术整合自我效能研究》,《外语电化教学》2014 年第 4 期。

④ 孙先洪:《高校教师计算机自我效能感与计算机态度的实证研究》,《江苏高教》2017 第 5 期。

求》(2007)明确指出“各高等学校应充分利用现代信息技术,采用基于计算机和课堂的英语教学模式,改进以教师讲授为主的单一教学模式”。《大学英语教学指南》(2015版)也指出“大学英语应大力推进最新信息技术与课程教学的融合,继续发挥现代教育技术,特别是信息技术在外语教学中的重要作用”。由此可见,基于计算机和课堂相结合的模式已成为教学改革的重要内容和方向。但是纵观国内研究,对于新的教学模式的非英语专业大学生自我效能状况的研究很少涉及。本研究旨在通过调查了解学生在新的教学模式下的自我效能总体状态及不同学习者是否存在差异,从而为新模式下深化教学改革,提高学生英语学习效果提供一定参考。

一、研究设计

(一)研究问题

本研究旨在解决以下几个问题:

(1)非英语专业大学生的自我效能总体上处于何种状态?

(2)自我效能和英语成绩是否相关?相关程度如何?高分组和低分组学习者在自我效能上是否存在显著性差异?

(3)男、女生是否在自我效能方面表现出显著差异?

(4)经过分级的不同教学班学生是否在自我效能方面表现出显著差异?

(二)研究对象

本次调查对象为山东某大学二年级200名非英语专业学生,其中男生78名,女生122名。他们年龄在19~21岁,从一入校起就是在新的教学模式下进行学习。这种学习模式为:读写译+视听说+课内外自主学习,其中读写译课在多媒体教室进行,视听说和自主学习在网络语音室进行。此外,从英语课程伊始就对他们实行分级教学,即根据其高考入学成绩和分班测试成绩重新划分为A、B、C教学班。A班是比较优秀的学生,B班为英语水平中等的学生,C班为低分学生。被试中三个班的学生人数分别为76%、56%、68%。

(三)研究工具

研究工具主要为问卷调查和访谈。调查问卷分为两部分:第一部分为学生的个人信息,包括姓名、性别、学号、高考英语成绩、所在学院及专业、班级(A、B和C班);第二部分《非英语专业大学生自我效能感问卷》共14个题项,由三个维度组成,即基本能力感、应对困难能力感和利用计算机学习能力感。该问卷是在参考了前人研究的基础上形成。

自我效能量表采用 Likert 五级记分制。每题有五个选项,从“完全不符合”到“完全符合”,并被赋予 1 ~5 的分值,分值越大,说明效能感越高。

为了解和保证本问卷的信度和效度,正式测试之前就测试题目征求了部分英语教师的意见,并在一个班内进行了测试。最终形成的问卷中各类别项目及整个问卷内部一致性较高(表 4.1,Cronbach's Alpha=.855),因此调查所得数据可用作进一步分析。访谈为辅助工具,对象为被试中的 10 名 CET4 高分学生和 10 名低分学生。访谈为半结构化的题目,主要针对问卷的题目和英语学习进行,如“在你看来,自信心会影响你的英语成绩吗”“你如何看‘疯狂英语’学习法”“你认为男女生在英语学习能力方面有差别吗”,等等。

表 4.1　英语自我效能问卷个别——总体内部一致性检验

类别	题项	Cronbach's Alpha	N ofitems
基本能力感	1,3,4,6,12	.728	5
处理问题能力感	2,5,7,9 ,11	.774	5
利用计算机学习感	8,10,13,14	.725	4
整个问卷信度	1-14	.855	14

(四)数据收集与分析

问卷调查于第三学期英语四级(CET4)考试两周前进行,学生利用英语课的前半小时完成回答。问卷所得数据均采用 SPSS13.0 统计软件进行分析。访谈于第四学期四级成绩下发后进行。访谈结果为问卷的补充,为研究结果和讨论提供进一步依据。

二、研究结果与讨论

(一)学生的整体自我效能感

描述性统计显示(表 4.2),总体上学生的自我效能感处于中等水平(题项平均值 M=3.1882)。在其三个维度中,处理问题能力感平均值最高(M=3.3300),而利用计算机进行学习的能力感最低(M=2.9338),且其标准差最大,说明学生在该项目的得分低且差异性最大。在 14 个题项中,第九项(“学习遇到挫折时,我能保持平静,因为我相信自己的应付能力”)分值最高(M=3.72),第八项(“我自己能把握好网上自主学习的进度”)得分最低(M=2.71)。

表 4.2 学生整体自我效能及在各维度的描述性统计结果(N of cases=200)

项目	Range	Mean	SD	Variance
整体自我效能	3.43	3.1882	.55157	.304
基本能力感	3.00	3.2500	.69246	.479
处理问题能力感	3.80	3.3300	.60840	.370
利用计算机学习能力感	3.75	2.9338	.74957	.562

学生的整体自我效能处于中等水平且其三个维度中,利用计算机进行学习的效能感最低。通过访谈及课堂观察,笔者认为主要出于以下几点原因:①许多学生进入大学后还不适应基于计算机和课堂的新教学和学习模式,习惯拘泥于传统的学习方法,主要依靠课本作为学习材料,在网上进行自主学习的时间并不理想,对网络英语学习资源利用也不够充分;②有些学生逐渐失去学习兴趣和坚持,而任课教师不能有效地对学生利用计算机学习过程进行监控;③计算机网络硬件及资源的不足,在新的教学模式下,计算机是学生进行学习的重要手段之一,然而大多数学生自己没有电脑,在学校公共的网络语音室进行自主学习的时间有限,且有时机器还会出现故障,影响学习的顺利进行。

(二)自我效能与成绩

相关分析显示(表 4.3),学生自我效能与英语成绩呈正相关(R=.303),且该相关具有显著意义(Sig=.000)。按照测量学的做法,将被试前 27% 和后 27% 分为高分组和低分组进行对比,结果显示,除了利用计算机进行学习能力感的维度,高分组其余项目显著高于低分组,因此,可以看出,学生的自我效能感越高,其英语成绩越高。访谈中也有类似发现,成绩高的学生在英语学习方面表现出更多的自信,而低分学生的回应多用“不确定”。这验证了在新的大学英语教学模式下,自我效能仍是学习成绩良好的“预测器”。

表 4.3 自我效能和英语成绩的相关情况

		英语成绩	自我效能
英语成绩	Pearson Correlation	1	.303(**)
	Sig. (2-tailed)		.000
	N	200	200
自我效能	Pearson Correlation	.303(**)	1
	Sig. (2-tailed)	.000	
	N	200	200

自我效能与成绩两者正相关这一结果与其他研究者研究结果相一致。成功英语学习者比不成功学习者在英语学习的能力方面表现得更为自信。他们在学习过程中投入更多的时间，付出更多的努力，勇于接受挑战，在遇到挫折时表现出更多的坚持性。相反，不成功学习者对自己的能力多表现出不自信，在遇到困难时也很容易放弃。然而，调查也发现，存在个别学生效能高，“自我感觉良好”，但成绩却不理想的情况，这主要是由学生的信心与其学习行为不一致所造成的。

（三）自我效能与性别

通过独立样本T检验对不同性别学生的自我效能调查结果显示（表4.4），男生在整体效能及各维度项目均值略高于女生，虽然如此，但这种差别不具有显著性（Sig. >.05）。这与其他调查结果一致。访谈对男女生在英语学习自信能力方面的结果也显示，多数学生并不同意通常人们认为的“女生在英语学习方面有更多优势”。这与答会明的研究结果“非英语专业英语效能感女生显著高于男生”和张淑芬、余文都“男女学生英语学习自我效能感在能力因子上有显著差异”①的结果不同，但与其他一些研究者的结果一致。男生在整体效能及各维度项目均值略高于女生，通过观察和访谈究其原因，主要是男生对技术因素适应和运用能力稍高于女生，多数男生认为更能够应对网络学习中出现的各种问题，这也解释了在几个维度中“利用计算机学习能力感”这项男、女生差异最大，在情绪调节方面，女生更容易出现回避困难、出现焦虑等状况，因此总体在自信心和积极性方面略低于男生。

表4.4 男生和女生自我效能情况（独立样本T检验）

项目	性别	N	Mean	SD	t	Sig.（two-tailed）
整体自我效能	男生	78	3.2509	.57889	1.288	.199
	女生	122	3.1481	.53193		
基本能力感	男生	78	3.2795	.70717	.481	.631
	女生	122	3.2311	.68515		
处理问题能力感	男生	78	3.3821	.59712	.967	.335
	女生	122	3.2967	.61563		
利用计算机学习能力感	男生	78	3.0513	.82804	1.712	.089
	女生	122	2.8586	.68784		

① 张淑芬、余文都：《大学新生英语学习自我效能感的调研分析》，《教育心理研究》2010 第5期。

(四)自我效能与分级学生

使用单向方差分析比较三个分级教学班(A、B 和 C 班)学生在自我效能感方面的大小,结果显示(表 4.5),不同班级学生在英语学习自我效能感方面具有显著性差异,A 班学生的效能感显著高于 B 班和 C 班。这与张淑芬等的研究结果"高、中、低分组之间的英语学习自我效能感差异显著"[①]相一致。主要原因是经过一年多的学习,大多数学生的英语水平与其所对应班级相符:在 54 个(总样本的前 27%)成功学习者中,40 个来自 A 班,6 个来自 B 班,8 个来自 C 班;54 名低分学生中,36 个来自 C 班,8 个属于 A 班,10 个属于 B 班,因此,从一定程度上,该结果和成绩与效能关系部分相似。

表 4.5 分级学生自我效能情况(单向方差分析)

		Sum of Squares	df	Mean Square	F	Sig.
整体自我效能	Between Groups	2.883	2	1.441	4.924	.008
	Within Groups	57.660	197	.293		
	Total	60.543	199			
基本能力感	Between Groups	8.857	2	4.429	10.079	.000
	Within Groups	86.563	197	.439		
	Total	95.420	199			
处理问题能力感	Between Groups	5.098	2	2.549	7.324	.001
	Within Groups	68.562	197	.348		
	Total	73.660	199			
利用计算机学习能力感	Between Groups	.356	2	.178	.315	.730
	Within Groups	111.454	197	.566		
	Total	111.810	199			

在访谈中,C 班学生明显表现出效能感偏低,有些学生甚至不愿提及自己所在的教学班,部分学生认为分级教学对自己提高英语水平没有帮助。根据 Bandura 效能来源理论来分析,学习者个人过去的成绩(mastery experience)是影响其自我效能的重要因素,失败的经历会削弱效能感。由此可以看出,分级教学对低水平学生的情感可能造成负面影响。此外,从该表中还可以看出,三个班学生在利用计算机进行学习的效能感方面没有

① 张淑芬:《大学新生英语学习自我效能的调查分析》,湖北大学 2006 年硕士论文。

显著性差异。

本次研究对新的教学模式下非英语专业大学生的自我效能状态有了较明晰的认识，研究结果显示，非英语专业大学生英语学习自我效能感处于中等水平，自我效能感与成绩具有正相关，这支持了文卫平的外语学习积极情感背景模式中的论断，即“高水平的自我效能……有利于外语学习达到最为理想的效果”①。但男、女生不具有显著性差异。不同分级教学班学生整体自我效能水平具有显著性差异。然而，本次调查仍存在很多局限性，未来可以尝试从以下方面进一步研究：①如何使调查问卷更为缜密；②提高学习者尤其是低水平学习者自我效能的途径有哪些；③在新的教学模式下如何提高学习者利用计算机进行学习的效能感。

第三节 自我效能与自主学习能力

我国的大学英语教学也在正经历着深刻的变革，以教师为中心转向以学生为中心，教学模式、教学手段和教学评估等都发生了很大变化。教学大纲（2007）把“增强学生的自主学习能力”作为教学目标之一；教学模式中强调要改进以教师讲授为主的单一教学模式，采用基于计算机和课堂的英语教学模式，使教与学朝着个性化和自主学习的方向发展。我国对自主学习能力的研究较少从情感因素探析。自我效能本质上是对自己能力的主观感知，指的是个体对自己是否具有组织和执行达到特定成就的能力的信念。以往对二者的研究主要集中在理论探讨及单纯的自主学习成绩与自我效能感的关系。在这种背景下，探讨如何利用自我效能这一非智力因素，对于提高学生自主学习能力，增强教学效果具有重要作用。

一、研究设计

（一）被试

本次调查对象为2006年教育部确定的大学英语教学改革示范点之一的山东某大学二年级200名非英语专业学生，其中男生78名，女生122名。

（二）研究工具

研究工具主要为问卷调查和访谈。

---

① 文卫平：《外语学习积极情感背景模式》，《湘潭大学学报》（社会科学版）2001年第6期。

调查问卷分为三部分:第一部分为学生的个人信息和第二部分《非英语专业大学生自我效能感问卷》与上节相同;第三部分《非英语专业大学生自主学习能力问卷》共27个题项(与上一章自主学习问卷略有不同),由5个维度组成——整体自主学习能力、制定目标和计划、语言技能策略运用、学习过程的监控、自我评价与反思社交/情感策略。问卷是在参考了前人研究的基础上加上本人教学经验进行修改形成。问卷采用Likert五级记分制,每题有五个选项,从“完全不符合”到“完全符合”,并被赋予1~5的分值,分值越大,说明程度越高。

为了解和保证本问卷的信度和效度,问卷在正式测试之前在部分教师中征求了意见,并在一班级范围内进行了前测,之后对部分项目又进行了修改,最终形成的问卷项目情况,从问卷中可以看出各分类项目及总问卷内部一致性较高,因此调查所得数据可以进一步用作处理和分析。

访谈为辅助工具,对象为被试中的10名高分学生和10名低分学生。访谈为半结构化的题目,主要针对问卷的题目和英语学习进行。“你怎样看待‘疯狂英语’?”“你对当前自己的英语自主学习总体情况满意吗?”“你对本课程学习或教学方面有什么建议?”

(三)数据收集与分析

问卷调查于第三学期英语四级(CET4)考试两星期前的英语课堂上进行,访谈于第四学期四级考试成绩下发后进行。问卷所得数据均采用SPSS13.0统计软件进行分析。

二、结果与讨论

(一)学生的整体自主学习能力

学生的整体自主学习能力处于中等水平(M=3.0270)。在其五个维度中,运用社会/情感策略的能力最强(M=3.2288),而对学习过程的监控得分最低(M= 2.7563),这与Lan的研究相一致,即大学生的自我监控状态并不令人满意[①]。问卷显示41.5%的同学会有明确的学习目标,但能够制定计划合理安排学习的只有25.5%,38%的学生很少或从不检查计划的完成情况(表4.6)。通过访谈还了解到,只有25%的学生主动寻找机会参与课堂活动,而近半数的被访者会通过课外资源如英文报刊进行英语学习。值得注意的是,虽然结果显示学生社会/情感策略的能力最强,具体分析显示情感策略运用最高,

① Lan, W. Y. The Effects of Self-monitoring on students' course Performance, Use of Learning Strategies, Attitude, Self-judgment Ability, and knowledge Representation. Journd of Experimental Education, 1996,64(2):101-115.

多数学生(80%)经常鼓励自己,有意识调解自己的情绪,但社会策略运用频率却很低,学生与教师及其他学生的交流明显不足,而事实上“自主”不等于“独立”的学习。

表4.6 整体自主学习能力及在各维度的描述性统计结果(N of cases=200)

	Mean	SD	Variance
整体自主学习能力	3.0270	.48767	.238
制定目标、计划	3.2125	.68945	.475
语言技能策略运用	3.0280	.63848	.408
学习过程的监控	2.7563	.54172	.293
自我评价与反思	3.1292	.62236	.387
社会/情感策略	3.2288	.58712	.345

(二)学生的自我效能与自主学习能力的相关性

运用SPSS相关分析可以看出,学生的整体自我效能与其自主学习能力密切相关(r=.731),且该相关具有显著意义(Sig=.000)(表4.7)。这表明学生的自我效能越高,自主学习能力越强。该结果与其他研究者的调查结果相一致。自我效能的三个维度中,应对困难的能力感对自主学习能力的影响最大(表4.8)。

表4.7 自我效能与自主学习能力的相关情况

		自我效能	自主学习能力
自我效能	Pearson Correlation	1	.731(**)
	Sig. (2-tailed)		.000
	N	200	200
自主学习能力	Pearson Correlation	.731(**)	1
	Sig. (2-tailed)	.000	
	N	200	200

** Correlation is significant at the 0.01 level (2-tailed).

表4.8 自我效能各维度与自主学习能力的相关情况

		基本能力感	处理问题能力感	利用计算机学习能力感
自主学习能力	Pearson Correlation	.630(＊＊)	.634(＊＊)	.513(＊＊)
	Sig. (2-tailed)	.000	.000	.000
	N	200	200	200

＊＊ Correlation is significant at the 0.01 level (2-tailed).

进一步分析可以发现(表4.9),自我效能与自主学习能力的几个方面都显著相关。自我效能影响着目标、计划的制定。效能感越高的学生为自己制定的学习目标越高,学习任务通常具有挑战性。相反,效能低的学生仅仅是为了通过考试,甚至有的学生毫无目标可言。效能高的学生往往能够了解和运用更多的学习策略,低效能的学生对学习策略认识不够。效能高的学生能够主动监控自己的学习时间和学习过程,并对学习进行评估和反思,而且更喜欢迎接挑战,而效能感低的学生不善于调控学习态度和情绪,在遇到困难时则往往容易放弃,在社会/情感策略方面运用也不充分,缺乏与老师及其他学生的交流。

表4.9 自我效能与自主学习能力各维度的相关情况

		制定目标、计划	语言技能策略运用	学习过程的监控	自我评价与反思	社会/情感策略
自我效能	Pearson Correlation	.629(＊＊)	.605(＊＊)	.633(＊＊)	.536(＊＊)	.518(＊＊)
	Sig. (2-tailed)	.000	.000	.000	.000	.000
	N	200	200	200	200	200

＊＊ Correlation is significant at the 0.01 level (2-tailed).

总体来说,相关分析进一步印证了新的教学模式下二者的联系,即效能高的学生往往自主学习能力也高。另有研究者研究了239名大二和大三非英语专业学生,发现英语学业成就较高的学生具有较强的自我效能感和英语自主学习能力(R=.768)。自我效能感与英语自主学习能力及其该研究涉及的四个维度("学习目标设立""学习策略使用""学习过程的监控和评估""学习动机")皆呈显著正相关且呈一定的线性关系,与"学习目标设立""学习策略使用"和"学习过程的监控和评估"呈较强的线性关系①。然而,在

① 李珩:《大学生英语自主学习能力与自我效能感的实证研究》,《现代外语》2016年第2期。

调查中也发现存在自我效能高但自主学习能力不高的现象。在访谈中学生也不认同疯狂英语中大喊自信心的话语就能提高学习能力的做法。对这些学生,如何把信念转化为行为,加强学习策略的学习和运用至关重要。

三、结语

本次调查结果显示非英语专业大学生英语学习自我效能感和自主学习能力总体上处于中等水平;自我效能与自主学习能力存在显著正相关(R=.731);自我效能的三个维度中,应对困难的能力感对自主学习的影响最大。研究结果支持了自我效能是影响自主学习能力的内在动机性因素这一论断。总之,大学生的自我效能感与英语自主学习能力存在一定关系并在一定程度上影响后者,因此,教师利用先进教学手段、创设和谐的课堂氛围,才能以此提高学生自我效能的学习能力,这不仅有利于提高英语自主学习能力,更关系到学习者个人的整体精神状态,对其人生发展有着重大意义。

第四节 自我效能提升策略

英语学习的自我效能本质上是对自己英语学习能力的主观感知,作为个体发展的非智力因素,自我效能是构成学习动因的关键因素,影响着认知、动机、情感和选择过程。根据以往研究发现自我效能一方面直接影响学习成绩,另一方面影响目标设置、策略选择、归因、自我调节等其他变量从而影响学习的过程和结果①。英语学习者尤其是基础不好的学生往往对英语学习有畏难情绪、缺乏持久力。“互联网+”已成为时代发展的重要趋势,以该思维探索和重建教学模式,对提升教育质量和培养学生的创新力具有重大意义,能够进一步推进高校大学教育教学改革的深化与发展。“互联网+”背景下利用自我效能理论增强学习者学习的兴趣和动力,也对推动其自主学习的能力具有积极意义。

一、“互联网+”背景下的必要性

现代信息技术的迅猛发展使“互联网+”成为现在为人们所热议和面临的一个趋势。简单来说,“互联网+”就是“互联网+各个传统行业”,但这并不是简单的两者相加,而是

---

① 边玉芳:《学习的自我效能》,杭州教育出版社,2004。

利用信息技术以及互联网平台,通过互联网与传统行业的深度融合,创造全新的行业发展生态。在国外,基于互联网的慕课等开放课程已成为强大的教育力量,受到诸多学习者的欢迎。在国内,随着李克强总理在2015年政府工作报告中首次提出制订“互联网+”行动计划,“互联网+”迅速成为人们关注和探索行业发展的热词①。同社会许多其他行业一样,教育也受到了互联网的巨大影响,互联网思维对传统教育理念带来了革命性的冲击和挑战。互联网的普遍应用特别是大数据云计算和移动互联等技术的发展正深刻地改变着教育的面貌,推动教育向数字化网络化和智能化方向发展。

“互联网+”的概念提出之后,国内有很多学者从理论上探索了“互联网+”和教育的融合,在实际中“互联网+”背景下的信息技术已成为影响人们学习方式的重要因素,比如外语教学与研究出版社就推出了基于先进信息技术,以外语教育为特色,集学习、教学、测评、科研、合作交流于一体的线上“共同校园”(Universal Campus,简称“Unipus”),上海外语教育出版社也打造了集在线课程、学习资源、学习服务于一体的互动式“随行课堂WE Learn”数字学习平台。各高校在对在校大学生的教学管理中,除学院的英语网络教学平台外,大部分教师也建立了QQ或微信等外语交流群,用来发布信息、上传学习资源和交流心得。

在“互联网+”背景下,在自我效能理论指导下,英语方面的深入探索和系统化需要进一步增强。促进互联网和英语教学的紧密结合将有助于探索有效的教学方式,提高英语教学效果。

二、基于自我效能理论的教学策略

影响自我效能的因素是广泛的。班杜拉认为自我效能的来源主要有四种:亲历的掌握性经验、替代性经验、言语说服、在活动过程中的生理和情感状态。这四种信息源中的一种或多种影响对个体效能信念发挥作用,而且这些效能信息并不是以自发的形式对自我效能产生影响,而是必须通过个体本身的认知加工和反省才能参与个人效能的评价过程。②

学生的自我效能是提高学习成绩和自主学习能力的内在动机性因素,而在多数情况下教师往往只重视英语学习技能的培养,忽视了学生的情感因素。学生一方也往往因成

---

① 张岩:《“互联网+教育”理念及其模式探析》,《中国高教研究》2016年第2期。

② 班杜拉:《自我效能:控制的实施》(上),缪小春,李凌,井世洁,等译,华东师范大学出版社,2003。

绩高低贬低个人能力，影响其主动性的发挥。结合班杜拉自我效能来源理论及新教学模式的教学实践，教师在教学中应从以下几方面积极探索增强学习效果的途径。

(一)构建立体化的学习体系

计算机及其庞大丰富网络资源是提供便利的学习途径，应当在大学英语教学中发挥越来越重要的作用，然而学生在该方面的效能感并不高，目前其在英语教学应用主要表现在教师运用多媒体进行课堂授课，利用图片、音频、视频等形式进行讲解，但有的班级还是最传统的按课本、黑板、粉笔讲解，因此其作用有待加强。学校和主管部门应选择合适的立体化教材便于学生学习，即除了基于课堂上的面对面讲解，学员又能根据个人基础和掌握情况课下在电脑或移动设备上或反复练习，或进行知识拓展。

在教学内容方面，教师在利用计算机进行多媒体课堂授课时应注重教学内容的新颖性。有的教师连续几年一直用同样的课件，内容陈旧、方式单一，很容易使学生感觉枯燥，因此教师应跟上时代节奏，结合最近的、新发生的事件予以呈现知识点，这样会激发学生的学习兴趣。教师应注重把教学内容及网络学习资源与学生的实际生活、所学专业、职业选择等方面相联系，即教学材料和内容信息的选择应当与学生的学习动机相一致。

学习辅助资源方面，针对学生的基础和需求，教育部门加强课程硬件和资源建设，提升学生利用网络学习的条件；教师应引导其利用电脑或智能手机进行多途径、多样化的学习；向学习者有针对性地介绍和使用有效的辅助资源 APP 和网站，如词典类“有道词典”或“爱词霸”，针对单词的“百词斩”或“扇贝”，还有综合的时事新闻和各专题栏目的 Chinadaily、VOA、每日新闻听力、可可英语等。

(二)给学生创造更多体验成功的机会

班杜拉认为，来自实践的掌握经验是获得自我效能最重要，也是最基本的途径，因此以往的经历是个体学习者判断其自我效能的标准。成功的经验会提升一个人的效能感，失败的经历则会削弱效能感，这是英语不成功学习者效能低的主要原因。高校各专业学习者英语水平很不均衡，相当一部分学生英语基础较差，对英语学习也搁置了一段时间，之前的失败经历对他们英语自信心造成了一定的阻碍，因此，教师在这方面应给学生创造有力的支持，多给学生创造体验成功的机会。

作为教师应当根据学生基础和学习需求，设置相应的学习目标和任务，但是如果任务过于简单，学生经历的是非常轻松的成功，在此基础上建立起来的高效能感并不是真实的，这样只会助长学生急于求成的心理，最终被失败所挫伤。只有通过自己的努力，即完成了自认为有一定困难的任务后获得的成功才能真正让英语学习者建立起高自我效能感，从而增强其语言学习的自信心。

具体来说:①帮助其根据个人英语水平制定现实的学习目标,遵循具体性、恰当性、渐进性原则,因为学生往往感到自卑是用同一个高目标来衡量自己,而对基础差的学习者来说,过高的目标使其有无能为力感,因此尽可能帮他们制定有挑战性但又能实现的目标,使学生看到自己的每一步进展,通过自身亲历的掌握性经验提升信心;②教师应帮助学生了解各种学习策略,加强指导和阶段性检查,因为语言学习策略是学习者为了使语言学习更加成功、更加自主、更加愉快所采取的行为和活动;③发掘学生的长处、尽可能给他们充分展现自己长处的机会,多使用赞誉话语,就如班杜拉认为言语说服,包括他人的鼓励、建议、暗示等,是进一步加强人们能力信念的一种手段[①]。大量事实表明,教师在给予学生积极反馈时,不仅能使其知道他们正确地完成了任务,同时还能通过赞扬增强他们的自信心,加强其学习动机。但应注意称赞不能过于笼统、只使用"Good"等。对不同学生有针对性的、具体的赞誉更有助于其进步。这也给人机互动任务的选择和设计带来启示:任务的创设注意难度的区分和渐进性,当学习者完成任务时,机器不仅反映正误,更要有"人性化""有温度"的语言或语音反馈,如目前很多在线练习会有"太棒了,恭喜你,答对了""别气馁,只差一点点"等,这能够激发学习者更大的学习热情。

(三)创造和谐、支持的课堂"情境"人际关系

生理和情绪的身体信息经认知加工后会间接影响效能水平。班杜拉认为,"通过掌握经验削弱人们对主观威胁的情绪反应,可以提高其效能信念,其行为表现也有相应的进步"[②]。这也与克拉申(Krashen)的情感过滤假说(the affective filter hypothesis)相一致,即消极情感态度有碍语言的输入。

和谐、支持的人际关系能减轻学生的焦虑和紧张情绪,减少其无助感,保护其参与的积极性。在和学生的访谈中,提到"在大学学生与老师的距离很近,像朋友一样"的学生英语学习效能感偏高,他们认为在老师那里能得到有力的支持;而相反的观点也存在:"与其他学生和老师的距离越来越远,同学都在忙自己的事,老师只在上课才见到"。

基于信息技术的互联网学习使学生能根据自己的时间和学习状况进行自主学习,与面对面的课堂学习相比更有助降低英语学习者的畏难情绪和焦虑感。无论是在传统课堂还是在线课堂情境中,作为教师不应当以一种居高临下的态度教导学生,应当以一种平等参与者的角色加入学习探究过程中;不仅要关心学生的学业进步,更要关注其个人

① 郭本禹、姜飞月:《自我效能理论及其应用》,上海教育出版社,2008年,第27页。

② 班杜拉:《自我效能:控制的实施》(上),缪小春,李凌,井世洁,等译,华东师范大学出版社,2003。

全面发展,即"减少和学生的心理距离"①。此外,教学中可以通过布置任务、组织小组活动,引导学生加强合作,使学生在同伴中得到鼓励和支持,培养学生的协作和团队精神。

(四)利用榜样力量提升效能

亲历的掌握性经验不是个体唯一的效能信息来源,非亲历的替代性经验也影响着自我效能。班杜拉的社会学习理论非常强调观察学习的重要性,把观察学习视为社会学习的主要形式之一。英语学习中的替代性经验是指通过观察他人的学习行为,并注意他们的行为结果,以此信息形成对自己行为和结果的期待,获得关于自己的能力的可能性的认识,产生强化效应。当学生缺乏评价自身行为表现的依据或知识时,往往根据他人的表现进行评估。当一个人看到与自己能力相近的人成功时,就会增强其自我效能感;而当他看到与自己能力相近的人失败,尤其是付出努力后的失败,就会降低自我效能感,觉得自己成功的可能性不大,往往放弃努力。

在学校和班级中,榜样的力量无处不在,教师要善于用榜样力量感染学生锻造优秀品格:首先,教师的教学效能感以及面对困难的态度往往会影响到学生,作为学生的榜样教师还可以与学生分享自己的学习和成长历程,使之产生共鸣;其次,与学生有类似经历的名人可以成为他们学习的榜样,往往是那些开始不成功甚至是非常失败,凭着坚强的意志和不屈的奋斗精神取得一定成就的事迹更能打动学生,激发他们的学习热情和效能感,因此,知名人士的演讲报告倍受欢迎源于此,信息化教学背景下有助于丰富榜样教育途径,教师可以根据单元主题适时把榜样人物视频、图集、音频或文字介绍等网络化教育资源融于教学中;最后,为学生树立同伴榜样,即借助同伴群体成长进程中的真实经历更具鼓舞性和感染力,学生看到与自己各方面相似的同学在英语学习方面取得进步时,很容易替代性的转化成为对自己潜力和能力的认可,而且这比教师和名人榜样更能直接地影响其效能的增强。

(五)加强对学生网络学习的监督和管理

在信息技术支持下,教师可以建立 QQ 和微信班级群,上传分享学习资料,及时答疑等;把学生划分学习小组,分配任务、培养其团队合作精神,充分发挥在线交流平台的作用。此外,很多学生不能正确处理学习和娱乐的关系,而是沉迷于网络游戏、聊天等与英语学习无关的活动中,学习的深度和有效性受到很大影响。他们缺乏的不是对网络资源作用的认识,而是缺乏自我约束的能力。因此结合教学条件,教师应充分发挥指导者和监督者的作用,如查看学生学习记录,对学习较少的同学进行提醒、约束,及时答疑等,促

---

① 黄景、Phil Benson:《第二语言教育的教师自主性研究》,《外语与外语教学》2007 年第 12 期。

进学生养成正确网络学习态度和习惯，在点滴进步中提升其效能感。

在教学评估方面，采用形成性评估和终结性评估相结合的方式，即把学生的课堂表现、作业完成情况、课内外网络学习、活动的参与等方面也纳入评估体系，这样能更有效地调动学生的学习积极性，更全面、客观地评估其英语学习状况。

“互联网+”对教育资源和教学模式带来深刻影响。在高校大学英语教育领域，作为教师利用先进教学手段、给学生创造体验成功的机会、发挥榜样的影响示范作用以及加强对学生网络学习的监督和管理，以此提高学生自我效能，不仅有利于提高英语学习成绩和自主学习能力，更关系到学习者个人自信、积极的人生态度。

第五章 教学评估方式

教学评估是大学英语课程教学的一个重要环节。全面、客观、科学、准确的评估体系对于实现教学目标至关重要。它既是教师获取教学反馈信息、改进教学管理、保证教学质量的重要依据,又是学生调整学习策略、改进学习方法、提高学习效率的有效手段①。现代信息技术的迅速发展影响着学科教学的方方面面,传统的基于教师、课本、黑板的英语课堂教学正朝着基于计算机和课堂相结合的英语教学模式转变。

面对该趋势,相应地大学英语的评估理念、内容和方法也在发生着变化:一方面评估方法和手段进一步简化,传统的繁杂的纸质化文件正在被电子化、信息化的电子文件所取代;另一方面,因为网络学习成为很多高校大学英语学习的一部分,这就促使评估的结构发生变化,把学习的过程如网络自主学习也纳入评估的构成方面。此外,随着越来越多高校把形成性评估和终结性评估相结合,重测试、轻评估,重终结性评估、轻发展性评估的状况得到很大改变。评估的构成有很多方面,本研究主要对包含基于网络自主学习的对形成性评估、电子档案袋使用、CET 研究如反拨效应和性别差异等方面的阐述。

第一节 网络自主学习形成性评估的应用

形成性评价(formative assessment)概念由美国教育评论学家 Scrivien 于 1967 年首次提出,指的是对进程中的教育项目进行评价。在此之后 Bloom 将“形成性”和“终结性”引入教学评价领域,并和 Hastings、Madaus 合作出版了《形成性评价和终结性评价手册》。该书为课堂教学的形成性评价的发展奠定基础②。之后人们对形成性评价的研究不断深化,虽然学者们对于其标准的定义还存在分歧,但多数研究者对其达到如下共识:形成性

① 教育部高等教育司:《大学英语课程教学要求》,外语教育出版社,2007 年,第 7 页。

② 王蔷:《促进学习二语教学中的形成性评价》,外语教学与研究出版社,2015 年,第 2-3 页。

评价是在教和学过程中进行的评价，即过程性评价；它以学生的表现或成就（学习证据）为基础，其目的是促进教和学。

目前，很多高校的大学英语教学都把网络学习作为重要一部分，对于该部分学习的衡量也不尽相同：有的只把它视为课程一部分，鲜有融入具体的评估；有的只把单元成绩或阶段性的测试成绩作为最终成绩的一部分纳入最终评估。“基于网络自主学习的形成性评估在大学英语教学中的应用”是以聊城大学获批的教育部全国大学英语教学改革试点和示范点两个项目为依托，在构建、完善基于网络自主学习的大学英语形成性评估体系的基础上，进行大学英语课程建设改革与实践总结。

本研究着眼于促进大学生英语网络自主学习能力的培养，针对网络自主学习中存在的问题，从形成性评估入手，通过技术手段保障学生个性化学习策略的形成和自主学习能力的发展，形成了适应普通高校教学实际的形成性评价模式。

一、主要研究内容

（一）确立了基于网络自主学习的形成性评估体系

以《聊城大学大学英语教学改革方案》和《聊城大学大学英语教学大纲》为指导，逐步完善并出台了《大学外语教育学院关于形成性评估的有关规定》。大学英语教学评估包括形成性评估和终结性评估，构成比例为 1：5：4，即口语成绩占 10%，笔试成绩占 50%，形成性评估占 40%。教师通过形成性评估（包括学生网上自主学习、课堂出勤、课后作业、课堂表现和参与英语课外活动等情况）对学习过程实行监控和评估，而网络自主学习占最终学业总成绩的 20%。从具体构成来说，以学生在线学习的时长、进度和质量（如定期的网络作业和单元测试等）综合进行评估。该评估体系重视对教学的过程性和发展性评估，由注重评估的分等筛选功能转向注重评估的激励发展功能。

（二）实现了聊城大学大学英语网络学习资源的不断扩展

在网络课程资源方面，采用必修资源和选学资源相结合，课上和课下相结合的方式。学院使用教育部推荐的《新视野大学英语》和《新时代交互英语》两套教改网络教材，自主开发了两套学习资源管理系统（空中英语教室和英语学习），并将其纳入计时系统，大学外语教学网站资源得以整合和完善。学生在任何可以上网的环境下都能够访问我院网络资源，其学习时间随时被记录，从而进一步扩大了学生对学习资源选择的自主权。

(三)构建了网络自主学习的即时反馈机制

1. 改变整合了数据的处理流程

自主设计的管理系统能够深入各系统后台,研究其数据结构和数据处理流程,充分利用数据库技术、计算机软件技术和数据计算统计技术,或分流出适合统计计算的学习情况数据,或设计出软件对数据进行汇总,以产生适合学时查询系统计算统计的学习情况数据。

2. 提高了反馈的时效性

反馈是形成性评价中的一个重要因素,只有把学习者的学习状况和效果反馈给学习者,才能发挥使用形成性评价的促学目的。本研究非常重视反馈的使用和效果,结合在线平台自身的数据记录以及利用数据库技术对学习时间和进度按周进行整理,通过管理程序跨站点取得学生在各系统的学习时间数据,实现了即时反馈。学生可随时集中了解自己在各系统的学习情况和总的学习情况并及时调整自己的自主学习策略和时间,教师也会定期查看学生的进度和效果,予以监督和指导。

3. 强化了教师的导学功能和学生的自我监控意识

基于计算机的视听说课程和课下自主学习对新生来说是一种新的学习形式。大学英语第一堂课设为先导课,教师专门详细介绍大学英语课程特点,以及网络自主学习的目标、方式、内容和形成性评估的要求,在实际的教学过程中注重方法的引导,并根据学生网络自主学习过程中根据系统提供的反馈信息,实时了解学生的学习状况,周期性地进行网络学习现状调查和策略指导,提高了学生对自主学习过程的自我评价意识和监控能力。

4. 设计了共享、便捷的网络学习计时系统和学时系数系统

(1)该系统全面应用于新视野大学英语、新时代交互英语、新世纪大学英语、英语在线、空中英语教室和英语学习等学习资源。学生使用一套账号、密码即可登录所有网络学习资源。每个模块的学习时间均可被系统记录,并实现了对键盘鼠标状态和浏览器学习状况的有效监测。

(2)设计了易于发现和控制网络学习异常情况的学时系数系统。新设计的学时系数的工作原理是:标准差系数越大,学时系数越小,对标准差系数过大的数据在计算学时系数时进行特殊处理。其计算方法是:如果网上学习时间小于规定学时,则按照学时系数计算方法对学生网上学习时间的标准差进行计算整理,很大程度地抑制了学生网络学习异常学习行为的发生。

(3)实现了形成性评估过程的自动化和客观化。自主设计了期末成绩生成明细表并

将其和网络学习的后台数据相关联，自动生成 Excel 格式的网络自主学习形成性评估成绩。这一成绩一旦生成不可更改，很大程度上提高了学生自主学习的自觉性，保证了形成性评估的公正性和公平性。

二、主要解决的教学问题

第一，针对以往计机时的网络教学资源单一、各教学系统数据处理程序和数据结构不一致等问题，通过改革数据处理流程对各个系统的数据进行集中统计和处理，使基于网络自主学习的形成性评估体系更为科学、更具操作性。

第二，针对网络自主学习的分散性所带来的学生缺乏学习自主性和自我控制能力的问题，通过策略培训和设计新的学时系数管理系统强化网络学习的监控机制和动态反馈机制。

第三，针对原有形成性评估成绩生成的可能出现的主观随意性，通过设计与学生网络学习后台数据相关联的期末成绩生成明细表，能够自动生成反映学生真实网络自主学习情况的形成性评估成绩，一方面有利于保障对学生的客观性评估，另一方面在一定程度上也减轻了教师的统计和核算工作量的负担。

三、成果的创新点

第一，注重对计算机与网络技术在网络教学中的自我研发和应用。对大学英语原有系统进行改造。完善了新视野大学英语日学时整理功能、设计了新时代交互英语学时阻止程序并实现了学习时间按周整理；开发了网络学习计时、跨站点登录、跨站点数据获取和学时系数计算等子系统，实现了对网络学习情况的调控和即时反馈。以上诸多设计成果的应用有效保证了形成性评估体系的延续性和科学性发展。

第二，创造性地提出并实施了参与体验式教学模式。该模式以建构主义学习理论为依据，以“视”“听”“说”“写”“练”为主要内容，在教师组织、引导和帮助下，学生作为参与主体，不受时空限制，围绕视听说教材的单元内容，进行语言交际实践活动，并充分利用计算机网络平台进行交流、分享成果，体现了开放式的教学特色，突出了学生在教学中的主体地位，促进了学生自主学习能力的提高。

四、改革的成效及成果的推广应用

（一）改革的成效

1. 学生受益面广、满意度高

迄今为止，受益学生共计42 000余人。数据显示，仅从2008年9月至2012年12月，受益学生就达28 700余人，年均受益学生7 000人。

（1）学生自主学习的主动性有了明显提升。2008年9月至2012年12月，系统记录的学生网络自主学习的时间总计380.3万学时，人均每学期自主学习时间达43.9学时。扩展资源与教材的学习时间比例从3.12%升至16.23%，学生利用计算机网络进行自主学习的积极性有了很大提高。

（2）改进后的系统有效抑制了学生异常挂网现象。新时代大学英语系统阻止了43.8万个异常学时，阻止学时与其记录总学时的比例约为1：3（33.27%），与全部系统记录学时的比例约为1：11。

（3）系统调整后的学时及成绩平均数差异都极显著。学时系数调整前学时380.3万，调整后学时339.3万，调整比例约为10.79%。我们对随机抽取的某班68名学生和2011级5 998名学生的相关数据进行分析，结果显示：学时系数调整前后的学时数据的平均数差异极显著，据此确定的相应成绩的平均数差异也极显著。

2. 网络学习的动态反馈机制促进了教学质量的提高

通过网络辅助教学管理平台、学时系统管理系统等设计，学生、教师和教学管理者之间实现了有效的动态交流和互动。学生和教师都可以通过平台及时查看内置于课程的个人学习、进度和学习质量情况并进行及时的交流和反馈，有助于师生对教学和学习进行阶段性反思并及时调整教学方法和学习策略，为教学质量提供了保障。

3. 实践推动理论研究，教师的教研、科研能力有了明显提高

教学评价是教学实践的一部分，该实践有助于教师强化将形成性评价融入教学的意识，加强对此领域的研究。以此教改为基础，教师的教研、科研论文发表在各类期刊，多次被教育部大学英语教学改革联络办公室网站转载并被清华大学出版社收录成册，印发全国；代表和体现我校大学外语教育学院教改特色和教研成果的论文集《大学英语教学改革探索与思考》，由外语教学与研究出版社出版。

（二）成果的推广应用

经过几年的实践，本成果的示范辐射效应逐步显现。

(1)在全国大学英语教学研讨会和山东省外语教学年会上,该成果获得了国内、省内外语届同行的首肯。该项目负责人在外语教学与研究出版社举办的“全国高等学校大学英语基础课程与拓展课程教学研修班”上,为100多所院校的600余位高校教师介绍了我校开展大学英语教学改革的情况,并分享了我校基于网络自主学习的形成性评估的经验。

(2)青岛大学、临沂大学、泰山学院、枣庄学院、山东商业职业技术学院等兄弟院校同行数次来我校实地考察学习我校大学英语网络自主学习和形成性评估实施情况,并给予极高的评价,为其他大学英语教学改革提供了积极的借鉴。

(3)逐步完善的大学英语形成性评估体系特色鲜明,收效显著,多次受到学校领导的肯定,对其他学院的教学评估改革具有一定的参考价值。

(4)本项目组成员制作的基于网络自主学习的《大学英语视听说》教学课件分获第十一届全国多媒体课件大赛二等奖、第十二届全国多媒体课件大赛一等奖及山东省青年多媒体课件比赛一等奖两次。这些成绩的取得进一步扩大了我校大学英语教学改革的影响力。

基于网络自主学习的大学英语形成性评价实践是一种以促学和评价为导向的范式应用,它以教材平台和自建网络资源为基础,以技术手段为保障,以师生有效互动为助力。几年的教学实践证明,基于网络自主学习的大学英语形成性评价有效整合了传统课堂教学和网络自主学习,对提高学生的听说能力、测评能力、网络自主学习能力和英语综合应用能力发挥了积极的作用。

第二节　基于档案信息化管理的大学英语评估体系

档案袋(portfolio)又称“成长记录袋”,自20世纪末被引入我国教育界以来,受到了广泛的理论关注和实践推广[①]。在大学英语教育领域,档案袋评价(portfolio assessment)也引起了教育部门、相关学者及大学英语教师的重视。教育部(2007)公布的《大学英语课程教学要求》明确提到:“形成性评估可以采用课堂活动和课外活动记录、网上自学记录、学习档案记录、访谈和座谈等多种形式,以便对学生学习过程进行观察、评价和监督,促进学生有效地学习[②]。”《大学英语教学指南》也指出大学英语课程评价涵盖课程体系

① 刘桂秋:《大学英语档案袋评价理论与实践》,《沈阳师范大学学报》(社会科学版)2011第6期。

② 教育部高等教育司:《大学英语课程教学要求》,外语教育出版社,2007年,第7页。

的各个环节,应综合运用各种评价方法与手段,实现从传统的“对课程结果的终结性评价”向“促进课程发展的形成性评价”转变。在研究方面,有研究者偏重于含义和理论探究,有的从写作、口语或翻译某一门课程层面探讨。受现代教育技术的影响,在多媒体课堂教学和网络自主学习已成为大学英语教学的重要内容的背景下,进一步完善档案信息化管理对大学英语评估体系具有重大的现实意义。

一、基于档案信息化管理的大学英语评估体系的构建

(一) 评估内容的构成

从2007年起,按照教育部公布的《大学英语课程教学要求》,对学生学习的评估由形成性评估和终结性评估组成。

形成性评估是在教学过程中进行的一种动态评估,即过程性和发展性评估。教师根据教学目标,采用多种评估手段和形式,跟踪教学过程,反馈教学信息,促进学生学习动机的强化和努力程度的提高,从而促进其全面发展。形成性评估属于对教学过程的反思性评价,符合建构主义强调的对所学知识的主动探索和主动建构,而且特别有利于对学生自主学习的过程进行有效监控,在实施基于计算机和课堂的教学模式中尤为重要。

在形成性评估内容方面,教师可以采用课堂活动(如回答问题、参与讨论、听写)和课外活动记录、网上自学记录、问卷、访谈和座谈等多种形式进行形成性评估,以便对学生学习过程进行观察、评价和监督,促进学生有效地学习。课堂形成性评价由教师记录学生的出勤,作业情况,课堂表现如回答问题、小测验成绩等。网络课堂如听力课堂上自动记录学生的学习时间、学习进度和学习结果。

终结性评估是在英语一个教学阶段结束时进行的总结性评估。终结性评估主要指期末课程考试和水平考试。这种考试以评价学生的英语综合应用能力为主,如采用笔试和口试相结合的方式,不仅要对学生的读写译能力进行考核,而且要加强对学生听说能力的考核,学生最终的学科成绩由各占一定比例的形成性评估和终结性评估综合评定形成:大多数学校前者占20% ~30%,后者占70% ~80%,有的学校越来越重视发展性评估,终结性评估则比例更小,如浙江财经大学期末考试占50%,北京交通大学占40%。下面以聊城大学为例,各部分构成见表5.1:

表 5.1 聊城大学英语课程考核构成

	考核项	分值	说明
形成性评估	作业	6%	6 次,作文、翻译,单词听写等
	参加课外活动	6%	全国性或校、院英语竞赛等活动
	课堂表现	8%	出勤、回答问题、互动、演讲等
	上机自主学习	20%	视听说课和课下自主上机学习
终结性评估	笔试	50%	和四级题型一样
	口试	10%	朗读、话题讨论等

(二) 评估手段的管理

教学方式、学习方式的变化势必引起评估手段的变化。基于档案信息化管理的大学英语评估采用纸质评估与电子信息相结合的评估方式。学期初由教师建立学生个人学习文件档案袋及整个班级汇总表。学生个人档案袋包括学生上交的电子版学习计划、课堂表现文件材料(如提交的电子作文、课外活动电子照片)、对学生做的调查问卷等,班级汇总表包括学生的课堂记录及网上学习记录等。

对于同传统课堂教学一样的课程如读写课、口语课,可以由教师进行监控和记录学生的学习状况,如出勤、小测验、小组活动、发言情况及课外活动等。为了方便记录,一般由任课教师先在课上将学生的表现随堂记录到纸质表格或材料中,最后再进行整理,同网络学习状况汇总在一个班级 Excel 表格体系中。

对于学生在计算机上的学习状况,目前大多数网络学习教材会自动记录学生的学习状况,实现对学习过程的评价, 包括学习任务分配、测试与评分、学习问题诊断、电子学习档案查看等。这样,通过技术手段也可以做到学生使用一套账号、密码即可登录所有网络学习资源,每个模块的学习时间均可被系统记录,管理系统也可以实现对键盘鼠标状态和浏览器学习状况的有效监测。整个系统能够自动记录学生学习时间、学习进度、学习效果(成绩)等。此外,管理系统构建了网络自主学习的即时反馈机制,如发现学生每周学习不稳定、进度较慢或对规定的学习任务没有完成时,系统会根据学习状况给出警告或建议。

此外,通过设计与学生网络学习后台数据相关联的程序,系统自动生成反映学生真实网络自主学习情况的网络学习成绩。最终网络学习成绩和教师的课堂记录评价(即电子化后的纸质材料记录)及终结性评估(即笔试成绩)合并在一起生成学期成绩明细表,形成完整的能体现学生大学英语学习过程和终结性评估的电子信息档案。

二、基于档案信息化管理的大学英语评估体系的成效和问题

（一）取得的成效

国外有研究表明,档案袋评价因能充分调动学生的学习积极性并为教学评估提供丰富的档案资料,已开始作为标准化考试的补充评价手段,贯穿整个语言课程学习过程①。在我国目前基于计算机和课堂的新型教学模式下,档案袋在多元化评价体系建设、促进学生进行自我监控、培养自我反思能力和提高办公效率等方面发挥积极的作用。

第一,以形成性评估和终结性评估相结合的评估体系打破了以往一纸成绩定优劣的单一评价标准,它结合了学生的努力程度和学业成绩,是更为合理的对学生英语学习的综合性评价。自实施该评估方式以来,该形成性评估体系受到学生的普遍认可和好评,学生满意度高。2008 年和 2012 年笔者两次对所在学校学生的抽样调查结果显示,对该评价体系持满意态度的学生(认为“很好”及“较好”)分别占被调查人数的 88.1% 和 97.6%(表 5.2)。

表 5.2　学生对形成性评估体系的评价结果分析表

调查年份	样本总数	统计项目	A:很好	B:较好	C:不好	D:很不好
2008 年	252	频数	54	168	24	6
		百分比	21.43%	66.67%	9.52%	2.38%
		累计百分比	21.43%	88.10%	97.62%	100%
2012 年	287	频数	84	196	7	0
		百分比	29.27%	68.29%	2.44%	0
		累计百分比	29.27%	97.56%	100%	100%
2018 年	732	频数	212	476	34	10
		百分比	28.96%	65.03%	4.64%	1.37%
		累计百分比	28.96%	94%	98.64%	100%

第二,提高了反馈的时效性,有利于学生自我监控意识和学习策略的培养。在形成性评估中,网络管理平台对于学生的网上学习利用数据库技术对学习时间按周进行整

① 刘芹、王莉:《中国大学生英语口语能力档案袋评价可行性研究》,《外语与外语教学》2010 第 6 期。

理，通过管理程序跨站点取得学生在各系统的学习时间数据，能实现多学习状况的即时反馈。学生可随时了解自己在各系统的学习情况和总的学习情况并及时调整自己的自主学习策略和时间，从而提高学习效率，也促进学生积极参与日常课堂学习和课外学习，且有助于提高自主学习能力。

第三，实现了评估过程的自动化和客观化，节省了教师统计的工作量，提高了教师管理效率。除课堂记录外，其他网上学习都由计算技术所完成，设计好的 Excel 期末成绩生成明细表将学生课堂表现分数、网络学习分数和期末笔试、口试成绩进行统计、计算，自动生成总成绩，这大大节省了教师的评价时间，减少计算的误差。同时系统设定这一成绩与后台各数据相连，一旦生成不可更改，保证了形成性评估的公正性和公平性，也提高了学生自主学习的意识。

（二）存在的问题

档案在英语学习领域的运用相对较少，把档案袋评价这种评价方式运用到英语教学中是一个全面系统的工程，需要全盘考虑、细致安排。[①]《大学英语课程教学要求》虽然提出把档案袋作为评估的一种方式，但对于如何具体实施没有给出具体的建议，且各学校对于网络自主学习及和信息化结合程度也不尽相同，一些问题亟待解决。

第一，评估系统的系统性有待进一步完善。现有评估多以一学期为独立单位，任课教师考核完之后以纸质形式上交教务部门，各学期资料分散、零碎，任课教师手头不能以学生个体为单位，连续有机地反映其历时学习情况，对于更换任课老师的班级来说新老师也不能系统掌握学生的情况，并给出相应建议和指导。

第二，网络管理技术有待进一步完善。主要表现在以下两方面。一方面，部分学生在网络学习方面的效率不高。网络自主学习中存在学生开机而非学习的状况，即学生打开页面但并未真正学习，只是机械地点击一步步环节；还有的学生虽然认真做每一部分题目，但并未认真总结和提升，相当于也只是个检查过程。另一方面，作为学期综合评定虽交予教务部门，但学生看到的只是总分，还不能在网上自主查询到形成性评价档案信息的各具体项目的表现和得分情况，信息完善和公开还需进一步加强；有的虽然能够查到各项分数，但没有提供具体的反馈，如对薄弱点的分析和进一步有针对性的改进措施。

第三，评估的客观、公正的保障需要加强。部分课堂形成性评估成绩的评分存在主观随意现象。提升信息技术课程的过程性评价的有效性，需要先提升任课教师的信息化教学水平和责任意识，使其能够真正有效地实施过程性评价。个别教师对于课堂形成性

① 徐忠勇：《教师在英语档案袋评价模式中的角色定位》，《教学与管理》2011 年第 6 期。

评估成绩的评分有些主观随意，他们平时并没有认真做好每节课堂的情况和每名学生的表现记录，学期末仅凭自己大致印象草率地给出个大致分数，还有的教师给每位学生的分数差不多、缺乏区分度，这些都违背学生真实表现与成绩相一致的原则，对学生而言也不公平。此外，针对有可能出现无人监管自主学习状态下可能出现的作弊现象，如学生找他人登录自己账号答题或者依靠其他软件等非正规途径完成任务的情况也需要通过提高技术保障和提升学生责任心加以解决。

第四，评估主体上有待进一步探索多元化。《大学英语教学要求》特别强调"采用多种评估手段和形式，跟踪教学过程，反馈教学信息，促进学生全面发展"，并且对形成性评估的形式做了具体说明："形成性评估包括学生自我评估、学生相互间的评估、教师对学生的评估、教务部门对学生的评估等。"但是目前很多高校的大学英语课程对学生的评估主要是"他评"，即教师评估，学生互评和自评在大部分高校没有涉及或还处于探索阶段；很多高校都是把形成性评估和终结性评估没太大区别，很多形成性评估的内容、方法和手段依然由大学英语教学管理部门统一设计和规定，广大教师和学生未能真正成为形成性评估的参与者。因此形成科学的多元有效地一个多评机制还需一个过程。

三、结语

教学评估是大学英语课程教学的一个重要环节。全面、客观、科学、准确的评估体系对于实现教学目标至关重要。基于档案信息化管理的大学英语评估体系重视对教学的过程性和发展性评估，除具有评估的分等筛选功能外、更注重评估的激励发展功能，促进学生可持续发展的预测、诊断、反馈和再提升，以此促进学生自我监督和自我调整。它既是教师获取教学反馈信息、改进教学管理、保证教学质量的重要依据，又是学生进行自我激励、自我管理、调整学习策略、改进学习方法、提高自主学习能力和学习效率的有效手段。随着现代信息技术的不断发展以及和课程的密切结合，基于档案信息化管理的该评估方式应该进一步得到完善：如将学前评估纳入评价体系、切实提高评估的客观性和反馈功能。

第三节　CET 改革与影响

全国大学英语四六级考试（CET）是教育部高等教育司主办的一项大规模的标准化测试，旨在对非英语专业学生的英语综合能力进行准确测量和客观评估，服务于大学英语教学。CET 自 1987 年开展至今已有 30 多年的历史,在此期间主要因高校扩招学生人数的增加,考试规模不断扩大,考生人数日益增长。据我国教育部官方统计,CET 的报考人数在 2017 年 6 月份已达 962 万人。作为一项在我国最权威、受众面最广的英语水平测试,CET 已成为衡量各高校大学英语教学质量和大学生个人英语水平的重要手段,也成为很多国内外院校在研究生录取和企事业单位人事部门录用员工的标准之一, CET 的发展和变革都能引起教育界以及全社会的广泛重视。

CET 考试是我国自主开发的具有中国特色的大学英语考试。其不断发展、影响力不断增加既有国家政策的推动和社会的需要,更是和大学英语教学的促进与发展密切相关。因此,考试改革的方向是在保持考试的科学性、客观性和公正性的同时,力求使考试最大限度地对大学英语教学产生正面的导向作用,即通过四六级考试的改革,使考试更好地为教学服务,发挥考试的导向和评估作用。自 1987 年诞生 30 多年来,四六级也不断进行调整和改革。肖钰敏(2015)把 CET 在我国的发展划分为三个阶段:启用期(1986—1999 年),发展期(1999—2005 年)和改革探索期(2005 年至今)①。考试改革一方面是国家、社会对人才培养需求以及大学英语纲领性文件,如《大学英语教学要求》在评估方面的导向作用的体现,另一方面其反拨效应(washback effect)越来越受到研究者的关注,如对教材编写、教学实践、学生学习偏好等方面都产生了影响。本部分具体分析近年来 CET 考试的几大变化及反拨效应。

一、考试形式和分数报道的变化

分数报道形式的变化:从 1987 年 9 月实施第一次全国大学英语四级考试至 2005 年 1 月的四六级考试,每年两次的四六级考试均采用百分制;自 2005 年 6 月之后的四六级考试成绩采用满分为 710 分的计分体制,不设及格线;成绩报道方式由考试合格证书改为成绩报告单,即考后向每位考生发放成绩报告单,报道内容包括总分和听力、作文、综合(或翻译)各单项分等。虽然提出不设及格线,但 425 分是教育部划定的四级报六级的资格线,但不少同学将之视为四级及格线,实际部分学校仍以标准线的百分之六十,即超过 425 分即为通过。因此取消四六级合格证,大学生学习英语减负的初衷并没达到,更重要的是,改成具体分数报道后,每个学生拿到手里的都是具体分数成绩,用人单位也可以通过成绩报告单将学生的英语水平看得更清楚,从这个意义上说,学生的压力反而更

---

① 肖钰敏:《全国大学英语四六级考试发展历程及对大学英语教学的影响》,《中国考试》2015 年第 8 期。

重了,因此为了拿好成绩也需要付出更多的努力;为了争取得到更高的成绩,一些学生在“通过”四级或六级后,仍报名参加下一轮的四六级考试,造成“刷分”现象。

另一重大变化是2012年12月起,四六级取消了A、B卷,实行“多题多卷”模式,即在同一考场内使用多套试卷,这不同于以往采用同一套试题,仅通过变化题目顺序实现多卷的方式,而是采用内容、排列和组合不同的卷库,考生的条形码是识别其所答试卷的依据。同一考场不同考生的试题也不尽相同,可以说此次改革新措施的初衷是防止屡禁不止的作弊行为,也的确取得不错效果。但另一方面,也有人担心试卷不同题目不同,会不会造成另一种不公平,即各套试卷间的难易程度能不能保证在同一水平上,会不会影响考生成绩造成公平性。随着该举措的不断实践,这一顾虑逐渐被打消,因为可以发现同次考试中的多套题目主题相近、难度相当。表5.3列举的近几年相同类型考试题目多套题的主题相近:

表5.3 “多题多卷”下的部分试题考察主题

时间和题型	考察主题
2019年6月作文题目	参观农场、参观希望小学、参观养老院
2018年12月作文题目	生活在大城市里的挑战、出国留学的挑战、毕业后开启职业生涯的挑战
2018年6月作文题目	阅读能力的重要性、写作能力的重要性、表达能力的重要性
2017年12月作文题目	父母与子女之间的关系、医生与病患之间的关系、老师与学生之间的关系
2019年6月翻译	灯笼、剪纸、舞狮
2018年12月翻译	移动支付、手机依赖、手机阅读
2018年6月翻译	乘坐公交车出行、乘坐飞机出行、乘坐地铁出行
2017年12月翻译	华山、黄山、泰山

语言测试从其影响来说具有社会性,语言测试的结果往往影响考试者的升学、就业、职业前景等方面,因而对学习者产生不同程度的反拨作用。测试结果的正确使用引发积极的反拨效应,错误使用则可能会引发消极的反拨效应。目前仍有相当一部分学校CET成绩和学位挂钩,不通过英语四级考试,关系到能否顺利毕业。即使在毕业和CET脱钩的学校,CET成绩也是很多用人单位的重要的参考依据,促使学生看中大学英语四级通过率及更高分数的追求。笔者调查了山东某地方性综合大学1 582名学生,81%的学生学习英语的动机是为了考试过关(尤其是四六级,考研),因此,总体来看,测试成绩的重

要性在很大程度上强化了学生的学习动机，促使其非常重视大学英语的学习，甚至超过该有的程度。

二、信息技术元素的应用

随着计算机的广泛应用和信息技术的不断发展，利用现代化的技术手段改革考试和评估方式也是语言测试的发展趋势。世界大规模的语言水平考试，如TOEFL、IELTS等先后实施机考，这加速了语言测试网络化的趋势。信息技术的研究和运用促成四六级考试所以能成为全球最大规模的英语考试。大学英语四六级为我国本土化的考试，其网考（Internet-based CET）分别于2008年12月在53所高校5 000名考生和2009年6月在68所院校6 000名考生中进行了试点[①]。随着网考的试点的不断探索，考试系统日益完善，也以预测网考在全国正式实施越来越近；网考体现最为显著的是口语自2013年起已全部实行网上考试，即完全采用计算机化考试形式。

从2016年起全国大学英语四六级考试口语考试（CET-SET）设四级和六级两个级别。四六级口语的具体考试方式为：模拟考官和试题呈现在计算机屏幕上，试题材料采用文字或画面提示（图画、图表、照片等）。四级考察内容为：自我介绍、短文朗读、简短回答、陈述和双人互动，共15分；六级考察内容为：自我介绍和问答、陈述和讨论、问答，共20分；四级口语考试为15分钟，六级18分钟；评分方面四级采用计算机和人工评分相结合的方式，计算机评阅朗读部分，根据准确性、流利度和完整性进行评分；六级全部采用人工评分。[②]

笔试方面，技术手段也很重要，如客观题全部机器评阅，对主观题通过实时在线的评分质量监控进一步提高了评分信度，且翻译低分段的机评已经可以替代人工评阅。评阅机器考试和阅卷的采用一方面有利于应对越来越多考生参加考试带来的培训和选拔监考人员的压力，节约了人力资源，提高了考试效率；另一方面避免考官因素（如口音、语速沟通能力等）对考生答题可能造成的影响，有利于实现考试的公平性。2019年10月23日全国大学英语四六级考试（CET）委员会全体会议于上海召开，全体委员一致认为利用人工智能技术提高评卷质量效果明显，建议进一步加强研究、逐步推广。

考试与信息技术的融合，对学校信息化软、硬件建设和教师教学方式都产生重大影

---

① 郭常红：《四、六级网考反拨效应下大学英语视听说教学模式研究》，《外国语文》2011年第6期。

② 《全国大学英语四、六级考试大纲》（2016年修订版）。

响。学校方面加强网络化教学设施建设、争取纳入网络考点；通过基于计算机和网络学习平台的建设为学生创造更多个性化学习途径；大学英语教师加强教学资源的整合，提高信息化教学水平，把传统的课堂教学与网络教学平台相结合，探索和实践多元互动式教学模式。

三、重视听说技能的提高

为了适应大学英语教学改革的需要，更好地、更全面地检验学生的英语综合应用能力，从2006年起大学英语四六级考试也进行了相应地改革。改革之一是突出加强对学生英语综合应用能力特别是听说能力的测试。这一改革正是呼应教育部高教司组织制定《大学英语课程教学要求》提出的大学英语课程的教学目标是培养学生的英语综合应用能力，特别是听说能力，使他们在今后工作和社会交往中能用英语有效地进行口头和书面的信息交流。

2006改革后的四级听力分值有大幅度的增加，从原来的总体百分比占20%提高到35%，其中听力对话占15%，听力短文占20%（表5.4）。分值的增加促使教学中更加重视听力练习：如高校语音室和自主学习中心数量的增多，课程设置上视听说课程在大学英语的地位更加受到重视；从教学角度看，教师利用先进的多媒体教学设备开展多样性教学，更加重视学生真实语言能力的训练，以往的阅读教学有时也补充以视听资源，进行混合式教学。

表5.4　近年来四级听力题型及分值变化

	2006年之前		2006-2012年		2016年之后	
具体题型	短对话(10个)	10%	短对话(8个)	8%	短篇新闻(3篇)	7%
	短文(3篇)	10%	长对话(2个)	7%	长对话(2个)	8%
			短文理解(2篇)	10%	听力篇章(3篇)	20%
			短文听写(1篇)	10%		

全国大学英语四六级考试委员会自2016年6月考试起对大英四级考试的听力试题再作局部调整：Section A 由原来的8个短对话变为3篇新闻，每篇新闻之后2~3题不等；另外，取消了短文听写，新闻听力原为英语专业四级考试题型，实际增加了大学英语考试难度，单词数从130~200词不等。2016年加入新闻听力后，学生普遍反映以前最容易的短对话没有了，新闻难度最大，其产生的影响是师生更加关注训练材料的来源，即时

的新闻视听更受到重视,通过引导学生收听 BBC、VOA 等新闻节目扩展视野和增强听说训练。

口语方面:自 2016 年 12 月起,报考同一年度笔试的考生则具备报考同一级别口语考试资格。在此之前,四六级口语报考有一定限制,如四级考试达到 520 分以上才能报考口语,这种限制无疑阻碍很多学生想报考口语的希望。改革后学生有了更多的动力练习口语,之前只注重视听力练习转变为口语能力的提高也更加重视。此外,口语考试的成绩也会和当次笔试各项成绩出现在大学英语四级或六级考试成绩报告单上,能够更全面地反映考生的英语各项能力。

对于口语考试的变化,笔者通过调查了解到,相对于笔试,学生对于自己的口语水平更不自信,焦虑程度高于笔试,参与积极性也没笔试高,部分学生害怕参加口试成绩不理想反而会降低用人单位对自己英语水平的印象,因此会选择不报考即不显示口语分数。难度感知方面,以四级为例,对 40 名学生的调查结果见表 5.5,学生从难到易排列依次是:(图片或话题)陈述、双人互动、简短回答、短文朗读和自我介绍。越是与他人交际和阐述题型的题学生越不容易应对,只考查单词识记和朗读的板块和事先能充分准备的自我介绍学生应对更自如,这表明学生普遍在自由表达能力方面口语能力更需提升;教学方面应将读图能力、分析主题能力、描述能力和阐释、评论能力作为日常教学的一部分,加强描述与论述技巧的训练,提高学生的表达能力;此外加强双人或多人小组交际训练,提高互动和会话能力。

表 5.5 学生对口语考试难度的反馈(N=40)

	频率	百分比	累积百分比
A. 很难	7	17.5%	17.5%
B. 有点难	16	40%	57.5%
C. 一般	15	37.5%	95%
D. 容易	2	5%	100%
E. 很容易	0	0	

四、加大中国元素的考察

2013 年 12 月,全国大学英语四六级考试委员会将试卷结构和测试题型进行了局部调整:翻译方面,原五个单句半句的汉译英翻译调整为段落翻译,分值比重从 5% 提升到

15%；翻译内容涉及中国的历史、地理、文化、经济、社会发展等，四级段落字数为 140～160 字，六级字数为 180～200 字。翻译题型的变化综合考查学生语言基础知识、语篇分析及跨文化交流的能力，这就对学生综合运用语言的能力提出了新要求，需综合考虑译文和原文的深层对应关系。

在教材方面，很多出版社的大学英语教材增加了中国元素和跨文化交际的内容或比例：如清华大学出版社的《新世界交互英语读写译》每个单元练习题都增加关于中国元素的汉译英段落翻译，涉及传统节日介绍、梦文化、空气治理等；上海外语教育出版社的《全新版大学进阶英语综合教程》每一单元专门谈及中国话题，把中国的“梁祝传说”，俞敏洪等人物介绍等纳入教材，使学生在了解国外先进的科学技术、社会文化的同时了解到我国优秀传统文化和国家发展的伟大成就；外语教学与研究出版社的《新标准大学英语综合教程》有专门的“Language and culture”（语言与文化）和专题文化板块，还提供了大量的文化信息和相关练习，帮助学生扩展视野、了解多元文化、培养跨文化交际意识。

这一变化的另外体现的是近年来关于“中国文化”方面的慕课数量大幅增长，出现一批精品慕课，如《英语畅谈中国》《中国文化概论》《中国传统文化专题选讲》《文化差异与跨文化交际》等课程受到学生的欢迎，在中国大学 MOOC 的选课人数超过一万人。这一方面得益于国家“一带一路”倡议和实践“讲好中国故事，传播好中国声音”深入外语教育的教学需要，另外也反映学生考试对教学的反拨作用，学生有针对性地加强对中国元素的英语学习，希望在考试中能有更好的成绩。此外，翻译考试的调整也促使了大学英语教师在课程方面也要做出相应的变化。如教师有意识地在课堂上增加对中国的社会发展和传统文化的讲解，传授段落相关翻译的理论和方法，给学生提供更多机会进行翻译练习和实践，从而有助加强文化的自觉性，让学生了解和表达我国国情，提高其翻译能力和文化输出能力。

五、弱化单一技能，强调整体能力

从全国大学英语四六级的题型笔试改革调整来看，逐步取消了“语法和词汇”“完形填空”“半句翻译”等注重对某个单项技能的考察和短对话相对简单的题型，调整后“快速阅读（匹配题）”“选词填空”“段落翻译”更注重综合知识和技能的考察。原听力有短对话时，学生会背诵诸如四级听力的经典规律，如对立选项保留原则、同义选项排除原则、潜在规律适用原则、对话场景分类原则，翻译是短句翻译时也专门背诵虚拟语气、条件句、倒装句等固定模式，总结所谓的考试技巧，而不是综合知识的掌握。新题型对学生的要求实际是更高了，考生不能再靠猜、蒙或纯粹的应试技巧来答题，有利于促进学生从以考试为中心转变到以能力为中心的转变，唯有脚踏实地、认真学习知识并且学以致用才是上策。

六、结语

全国大学英语四六级考试经过三十多年的发展，很大程度上对推动我国大学英语教学大纲的贯彻和执行，提升我国大学英语教学质量起着促进作用。金艳、杨惠中《走中国特色的语言测试道路》(《外语界》2018 年第 2 期）中的数据表明自 1987 年至 2017 年的大学英语四六级考试，累计有 3 700 多万名学生达到四级要求，即教学目标中的基本要求，其中 1 600 多万名学生达到六级要求，即教学目标中的较高要求；在提高学习积极性，为用人单位提供相对权威、客观的外语水平依据方面发挥了重要的作用。但是，由于标准化考试自身的弊端，四六级统考也在无形中成了大学英语教学的指挥棒，带来诸如部分高校和学生只围绕考试进行学习、片面追求通过率，忽视对语言运用能力和交际能力的培养等负面影响。

CET 考试将会走向何方？尤其是新制定的从内容到对象涵盖面更广、与国外考试对接力更强的国家外语测评体系《中国英语能力等级量表》已于 2018 年 6 月 1 日正式发布和正式实施，有学者提到这将使诞生三十多年之后大学英语四六级考试面临消亡。笔者认为大学英语四六级考试短时期内仍然发挥重要的评估和对教学的引导作用，但是可以肯定的是面临的变革必不可少，仍将进行改革和调整，比如 2019 年下半年全国大学英语四六级考试（CET）委员会全体会议提出 CET 考试体系仍需进一步完善，并建议尽早将 CET 口语考试纳入必考科目①。但是，CET 考试最终会走向与更广测评体系的融合。

第四节　性别与 CET4 成绩

当今，大学英语教学正在经历着重大变革，传统的以教师为中心的教学模式逐渐转向以学生为中心，学习者因素成为教育者研究的重点。性别差异作为学习者因素的一个方面对学习效果的影响多年来受到国内外学者和授课教师的关注。但是到目前为止，关于性别对英语学习成绩的影响，许多研究的结果并不一致，尤其是在基于计算机和课堂教学相结合的新的教学模式下，该方面的研究很少。本研究试从大学英语学习的角度出

---

① http://cet. neea. edu. cn/html1/report/19112/3598-1. htm（大学英语四、六级官网）。

发，对性别与大学英语四级考试（CET4）的相关性做尝试性的探索。目的是通过调查分析，进一步明确二者的关系，从而有针对性地选择教学方法，更有效地指导学生学习英语。

一、文献综述

男女性别与语言的差异很早就为人类学家、历史学家和语言学家所注目。特别是近年来，随着心理学界对男女性别差异研究的不断深入，关于两性学习差异引起越来越多的教育者的重视。从20世纪60年代中期起，社会语言学蓬勃发展，性别与语言差异的相互关系问题成为许多语言学家研究的重要课题之一。Robin Lakeoff在*Language and Woman's Place*（《语言与妇女地位》）中认为男女具有不同的会话模式，这种模式反映并产生隶属社会地位。Daniel Erving Goffman从心理学和认知的视角研究了语言与性别的关系。Penelope Eckert和Sally McConnell-Ginet的著作*Language and Gender*从生理、心理、社会层面研究了语言与性别的内在联系，力图在更高的层次上较为全面、准确地认识和把握语言使用与性别差异的关系问题。

关于性别与成就的关系，Burstall对约6 000名8岁的小学生二语习得能力差异的纵向研究表明，女生所有的二语成就测试成绩明显高于男生。Boyle研究了香港490名中国大学生（女生233、男生257）的二语习得能力，结果显示英语水平测试成绩与性别成正相关，女生成绩高于男生。吴一安的调查结果表明：英语专业学生中，女生的学习成绩要比男生好得多。但是也有相关研究发现，性别与二语习得能力无正相关，例如Bacon研究发现，在完成听力任务时无性别差异；文秋芳也发现性别与英语成绩好坏没有显著关系。据此看来，国内外学者在性别与成绩之间是否存在显著相关这一问题上还未达成共识，有待于更多实证研究予以论证。

二、研究方法

（一）研究假设

在进行调查之前，本研究提出如下假设：

（1）性别与英语学习成绩之间存在显著相关；

（2）男生与女生在总分与单项成绩方面都存在显著差异，女生的成绩高于男生。

（二）研究对象

本次研究的受试为聊城大学学生。为了同时考察不同时期学生成绩是否有差异，增强调查的信度,调查涉及不同时间参加考试的两批学生:第一次为2010年12月参加大学英语四级考试的非英语专业学生(缺考除外),共7 224人(男生3 836人,女生3 388人);第二次为2017年12月参加大学英语四级考试的1 092名非英语专业学生本科生(男生479人,女生613人);所有学生在入校起接受的都是基于计算机和课堂的新的教学模式,即读写译+视听说+课内外自主学习。

(三)研究工具

本研究主要以聊城大学2010年12月和2017年12月大学英语全国四级统考成绩为分析指标。大学英语四级统考是一次综合检查学生在听力、阅读、写作、翻译等各方面语言知识与技能的标准化考试,从2005年考试改革以来,总分710分,2010年12月的考试具体各部分题型分布为写作(15%)、听力理解(35%)、阅读理解(35%)、综合测试(复合式听写+翻译,占15%);2017年12月的考试具体各部分题型为听力理解(35%)、阅读理解(35%)、写作+翻译(15%)。英语成绩由大学外语教育学院提供,内容包括被研究者的性别、年级、专业和CET4总成绩和各分项成绩。

(四)数据处理与分析

所得数据运用SPSS17.0进行处理,采用定量分析方法,把男、女学生的成绩作为两个样本进行总成绩和分项成绩均值和标准差比较,用描述性统计其均值和标准差,用独立样本T检验(Independent Samples Test)考察男生组和女生组在成绩方面是否有显著性差异。

三、结果与讨论

(一)数据统计结果

1.关于2010年12月成绩的统计结果

被试2010年12月成绩的数据统计的结果(表5.6)显示,非英语专业男生与女生的四级总成绩及分项成绩都有差异:女生在总分和各分项平均分方面都高于男生成绩的平均分,其中总平均分相差39.51;在各分项成绩中差异从高到低依次是阅读(15.23)、听力(12.49)、写作(8.65)和综合(3.14)。此外,统计显示,除写作外,女生在总分、听力和综合方面标准差(Std. Deviation)大于男生的标准差,这表明女生之间在这些方面上的差异大于男生组,其他方面的差异则小于男生组。

表 5.6 2010 年 12 月被试男生组和女生组描述统计量表

	性别	N	均值	标准差	均值的标准误
总分	男生	3836	418.1322	57.30723	.92527
	女生	3388	457.6429	56.99957	.97926
听力	男生	3836	142.7145	21.35772	.34484
	女生	3388	155.2013	22.57794	.38789
阅读	男生	3836	146.1275	27.65181	.44646
	女生	3388	161.3580	26.21304	.45035
写作	男生	3836	84.2464	14.97717	.24182
	女生	3388	92.8964	13.50000	.23193
综合	男生	3836	45.0438	9.12316	.14730
	女生	3388	48.1871	9.15641	.15731

通过独立样本检验(Independent Sample Test)分析,结果显示(表 5.7),总分及各分项都在 0.000 的显著性水平,说明男生与女生在总分($t=-29.317$, $df=7222$, $p<0.05$)与单项技能方面都存在显著差异。

表 5.7 独立样本检验男女生总成绩及各分项成绩结果

		方差方程的 Levene 检验		均值方程的 t 检验						
									差分的 95% 置信区间	
		F	Sig.	t	df	Sig.(双侧)	均值差值	标准误差值	下限	上限
总分	假设方差相等	.022	.883	-29.317	7222	.000	-39.51069	1.34770	-42.15258	-36.86880
	假设方差不相等			-29.327	7121.302	.000	-39.51069	1.34725	-42.15170	-36.86967
听力	假设方差相等	22.997	.000	-24.142	7222	.000	-12.48675	.51723	-13.50067	-11.47283
	假设方差不相等			-24.059	6996.585	.000	-12.48675	.51901	-13.50418	-11.46933
阅读	假设方差相等	18.014	.000	-23.938	7222	.000	-15.23055	.63625	-16.47778	-13.98332
	假设方差不相等			-24.017	7185.949	.000	-15.23055	.63414	-16.47366	-13.98744

续表 5.7

		方差方程的 Levene 检验		均值方程的 t 检验					差分的 95% 置信区间	
		F	Sig.	t	df	Sig.（双侧）	均值差值	标准误差值	下限	上限
写作	假设方差相等	5.925	.015	-25.651	7222	.000	-8.65005	.33722	-9.31110	-7.98899
	假设方差不相等			-25.816	7219.009	.000	-8.65005	.33507	-9.30688	-7.99322
综合	假设方差相等	1.011	.315	-14.589	7222	.000	-3.14334	.21546	-3.56570	-2.72097
	假设方差不相等			-14.586	7105.729	.000	-3.14334	.21551	-3.56580	-2.72088

2. 关于 2017 年成绩的统计结果

数据统计的结果（表 5.8）显示：2016 级非英语专业男生与女生的四级总成绩及分项成绩都有差异，女生比男生在总分和各分项成绩上平均分都高，这和对 2010 年 12 月的结果分析相一致，总平均分女生比男生高 36.27，在各分项成绩中差异从高到低依次是阅读（14.91）、听力（12.85）、写作和翻译（8.51），还可以看出女生各项标准差（Std. Deviation）均大于男生，表明男生之间在多数技能上的差异大于女生。从这两次分析可看出男、女生组在听力和阅读平均分方面相差较多，一方面原因是这两项在总分之中比例较高（各占 35%），另一方面原因是这两种题型对学生而言属于“相对较难”的题型，且学生之间得分的差异较大。

表 5.8　2016 级男、女生分组描述统计量表

	性别	N	均值	标准差	均值的标准误
听力	男生	479	143.7745	30.41277	1.38959
	女生	613	156.6264	29.12497	1.17635
阅读	男生	479	142.8852	26.41845	1.20709
	女生	613	157.7928	23.95737	.96763
写作和翻译	男生	479	132.9436	16.94215	.77411
	女生	613	141.4535	16.13778	.65180
总分	男生	479	419.6033	58.84215	2.68857
	女生	613	455.8728	53.35566	2.15501

此外，独立样本T检验结果显示（表5.9），男生和女生在四级成绩总分（$t=-10.526$，$df=975.135$，$p<0.05$）和各分项技能都有显著差异。

表5.9　2016级男、女生之间的独立样本检验表

		方差方程的 Levene 检验		均值方程的 t 检验						
									差分的 95% 置信区间	
		F	Sig.	t	df	Sig.（双侧）	均值差值	标准误差值	下限	上限
听力	假设方差相等	.817	.366	-7.097	1090	.000	-12.85190	1.81101	-16.40535	-9.29845
	假设方差不相等			-7.059	1005.328	.000	-12.85190	1.82065	-16.42461	-9.27919
阅读	假设方差相等	5.736	.017	-9.752	1090	.000	-14.90764	1.52864	-17.90705	-11.90823
	假设方差不相等			-9.636	975.188	.000	-14.90764	1.54705	-17.94358	-11.87171
写作和翻译	假设方差相等	2.347	.126	-8.460	1090	.000	-8.50987	1.00595	-10.48369	6.53606
	假设方差不相等			-8.409	1002.478	.000	-8.50987	1.01197	-10.49570	-6.52405
总分	假设方差相等	4.488	.034	-10.653	1090	.000	-36.26942	3.40460	-42.94973	-29.58911
	假设方差不相等			-10.526	975.135	.000	-36.26942	3.44565	-43.03115	-29.50768

（二）讨论

本次研究的数据分析表明：在相同或相似的教学模式和学习环境下，非英语专业大学生中女生的总体和各分项成绩明显高于男生。这一结果与心理学中对男女母语语言能力的研究相吻合，也与英语专业二语习得的成绩相一致。结合前人的研究及个人的教学实践，本文认为造成这一差异的原因主要有三点：生理上的差异、学习行为的差异及社会心理因素。

1. 生理上的差异

社会生物主义通过对男女的支配性、母子黏结、攻击性、友好倾向、分工、语言能力等两性比较研究，揭示了女性生理的某些特点。该理论认为，男性胎儿比女性胎儿分泌出的雄性激素更多，所以男性比女性的激素活动水平更高，社会生物主义对两性不同的生理现象和女性独特的生命历程进行了分析，指出女性比男性个头矮、体重轻，肌肉力量仅为男性的2/3左右；血液比重低，血红蛋白少，不及男性健壮，更易患贫血；脉跳快于男

性，维管系统不及男性那样稳定，随时会脸红；不规律的内分泌作用于交感神经系统，神经和肌肉控制也就不确定，更易于动感情，语言丰富。[①]

生理学的研究认为对于构成大脑的左右两个半球而言：左半球主要处理言语过程，擅长于将一个任务分解成各个部分或细则，然后分别加以处理；右半球则主要担负着处理非言语的信息与空间任务，且擅长于类型分析。解剖学研究发现，连接大脑两半球的胼胝体，女性明显大于男性，男性过小的胼胝体导致过大的偏侧优势；而女性较大的胼胝体产生大脑两半球的协调——至少是视空间的协调，有利于语言的发展。已有的科学实验表明，男女大脑两半球偏侧性功能专门化在发展速度和水平上是有着性别差异的。女性在左脑半球偏侧性功能专门化上，较之男性更早、更强烈，优于男性，因而在语言表达、短时记忆方面优于男性。这使女性在学习语言、掌握语言的过程中比男性更具优势，而这种优势则成为他们取得优异的语言学习成绩的有利条件。

2. 学习行为的差异

心理学的研究表明个体在许多方面的行为表现均有明显的性别差异。男性和女性在智力的不同方面互有差异，女性在各种语言能力，如词汇、拼法和文法等方面优于男性。曾琦对学生课堂参与的性别差异研究发现男、女学生的课堂参与程度也有明显的不同，具体表现为：男生的主动参与显著低于女生，负向参与则显著高于女生，他控下的被动参与显著低于女生，自控下的被动参与则显著高于女生，非参与也显著高于女生[②]。由此可知，女生参与的程度更高，性质也更为积极、合作；男生的参与程度较低，比较消极、对抗。袁凤识和肖德法的研究也有类似发现[③]。笔者对自主学习能力的调查（见第二章第一节）也表明女生（M=3.161）比男生（M=2.9811）总体均值略高，且具有显著性差异；对762名学生课外学习的时间投入来看，女生所花费的时间也显著高于男生（表5.10-5.11），但是对于英语难易程度的认识并没有显著性差异（Sig=.051），在各自努力程度的判断方面也没有显著性差异（Sig=.416）。

---

① 关小燕：《妇女心理与社会稳定》，《江西师范大学学报》（哲学社会科学版）1995年第1期。

② 曾琦：《小学生课堂参与的角色差异》，《教育研究与实验》2000年第2期。

③ 袁凤识、肖德法：《元认知策略在TEM4中的运用及其与成绩的关系研究》，《外语与外语教学》2006年第3期。

表 5.10 男、女生每周课外学习英语的时间调查（N=762）

	性别	N	均值	标准差	均值的标准误
每周课外学习英语的时间大概是 ______ 小时	男	199	3.56	1.849	.131
	女	563	4.01	1.716	.072

表 5.11 男、女生每周课外学习英语的时间独立样本检验

		方差方程的 Levene 检验		均值方程的 t 检验						
									差分的 95% 置信区间	
		F	Sig.	t	df	Sig.（双侧）	均值差值	标准误差值	下限	上限
每周课外学习英语的时间	假设方差相等	4.796	.029	−3.147	760	.002	−.455	.144	−.738	−.171
	假设方差不相等			−3.037	326.227	.003	−.455	.150	−.749	−.160

从学习策略的使用来看，有研究表明，无论是学习策略的整体使用还是对各类策略的使用，或是对各项具体的策略的使用，男女都有显著的性别差异，女性对学习策略的使用频率明显高于男性。在认知策略方面，女生比男生更频繁地采用注意发音、识记固定句型、勤做笔记等策略来学习英语；在元认知方面，女生比男生更能集中精力听课，更注意改进和完善自己的学习方法。值得注意的是虽然女生比男生使用学习策略更频繁，但整体上学生对学习策略的意识较为淡薄，男女生都需进一步加强策略意识培养和运用。

3. 社会心理因素

从作为重要学习动因及就业来说，杨超美的调查显示女生学习英语的动机较男生强①。在现实中，一般人们的印象都是女生比男生更用功，无可否认的原因之一是女生比男生在毕业择业及实现个人价值的问题上更为敏感。这是因为在现实生活中，尽管国家法律明文规定，男女在受教育、就业、工资报酬等方面机会平等，但由于女性所担负的生育、养育后代这一社会角色，在择业的双向选择中，当男女生在条件基本相同时，男生无疑会被优先录用，即使男生在各方面不及女生，但由于他们受社会角色束缚较少，机动性较强，也可能被优先录用。为此，在校的女大学生更要在学习成绩上，特别是在受社会瞩

① 杨超美：《英语学习者性别差异的研究与对策》，《解放军外国语学院学报》1999 年第 3 期。

目的四六级考试成绩的筹码上增加分量，在学习中付出更多的精力，尽量争取更好的成绩。

从社会角色来说不同的社会期望值造成两性心理上的差异；首先在社会学家和人类学家所研究的大多数社会中，男性大都被认为是有力量，能独立行动，能够做出决定和权威的，男性一般被委派担任体力较紧张、冒险的任务，而女性被委派担任体力较弱、较稳定的任务，在社会角色期待中男性多用行动，而女性多用语言来表现自己，而且女性肩负着养儿育女的天职，在教会孩子说话和待人接物的过程中，她们比男子更加意识到使用礼貌语言、规范语言的必要性①；其次，从女性所处的社会地位和心理状态来看，人类跨入阶级社会以来，妇女一直处于附属地位，其心态表现在言语上比较委婉，而且，社会对女性还存在歧视和偏见，使她们对言语这一标志的重要性更加敏感，可能更加需要在语言上和别的方面来保障她们的社会地位。

四、结语

本文证明在大学英语学习中不同性别在学习成绩上确实存在差异，符合人们意识中女生成绩比男生高的猜测。但是应当明确：①总体对比成绩高低并不意味着每个个体都有这样的差距，如笔者调查 2005 年 12 月成绩在前 5 名学生中，有 3 名是男生；但是本次涉及的被调查者中，前 5 名各有 1 名男生。②考试成绩高低并不代表实际成就的高低，二语习得成就还受到家庭、学校、社会环境等多方面因素的影响，而且，在学习和工作中不乏英语出色的男生。在教学中，教师不能形成对男生的偏见、给学生以消极暗示，而应该根据不同学习者的脑半球偏利和性别类型调整授课方式，设计课堂活动，以满足学生们的不同需要，以期更好地增进学习效果。

---

① 祝畹谨：《社会语用学概论》，湖南教育出版社，1992 年，第 122 页。

第六章

文化教学与传播

文化影响教育的理念和方式,教育是文化的体现[1]。大学英语教育和文化也密不可分:首先,语音、词汇、语法和篇章等语言形式本身蕴含了丰富的文化内容;其次,文化是任何交际所依附的显性或隐性的背景,语言的使用和交际也无时无刻不涉及文化;第三,文化是教学的重要内容,学习语言本身也是在了解目的语文化的过程,提高学生的跨文化交际能力也是大学外语教学的重要目标。现代网络信息技术在课程教学中已显示出了独特的优势。但随着教学改革的深入展开也暴露出一些问题。现代信息技术下的大学外语教学除了要考虑语言、技术因素,也要考虑所承载的文化内涵,做到"形"与"魂"的有机结合。本章我们讨论的问题包括以下几个方面:文化教学、网络流行语探析、中西方时间观念差异及情感隐喻表达差异。

第一节　基于提高文化素养的大学英语教学

一、问题的提出

(一)政策依据

文化是我们这个时代的关键词。它既是语言和交际的环境,也是观念层面的价值系统,构成一个国家的"信仰体系"[2]。习近平总书记指出"文化认同是最深层的认同""文

① 祖晓梅:《跨文化交际》,外语教学与研究出版社,2015年,第212页。
② 苏国勋、张旅平、夏光:《全球化:冲突与共生》,社科文献出版社,2006年,第18页。

化自信是更基础、更广泛、更深厚的自信”。全球化、信息化语境下，外语教育中面对多元文化尤其是西方文化的涌入，引导大学生在外语习得的基础上增强中国文化认同、坚定文化自信成为新时代重要的研究课题。《大学英语教学指南》(2015 版)指出大学英语教学兼具工具性和人文性。“就人文性而言，大学英语课程重要任务之一是进行跨文化教育……学生要了解国外的社会与文化，增进对不同文化的理解、对中外文化异同的意识，培养跨文化交际能力。人文性的核心是以人为本，弘扬人的价值，注重人的综合素质培养和全面发展。社会主义核心价值观应有机融入大学英语教学内容”。在课程设置上“大学英语教学的主要内容可分为通用英语、专门用途英语和跨文化交际三个部分”。由此可见，文化是大学英语教学的必要组成部分，跨文化交际能力是新时代人才培养的重要内容。

《国家中长期教育改革和发展规划纲要(2010—2020 年)》明确指出：“加强国际理解教育、推动跨文化交流，增进学生对不同国家、不同文化的理解。”同时，该纲要提出鼓励地方和学校大胆探索和创新，创新人才培养体制，改革教学内容、方法、手段，建设现代学校制度。“把改革创新作为教育发展的强大动力。教育要发展，根本靠改革”。以提高学生文化素养为目标的轮流授课制教学模式改革，是在内容和方法方面有益尝试和探索，有利于提高学生用英语表达中国传统文化的能力，培养学生的爱国情怀，拓宽国际视野，增强跨文化交际能力。

(二)现实依据

对于跨文化课程的设置，《大学英语教学指南》指出可以“根据需要开设不同级别的跨文化交际课程，也可在通用英语课程体系内融入跨文化交际的内容”；“课程设置还要充分考虑语言学习的渐进性和持续性，在大学本科学习的不同阶段开设相应的英语课程”。笔者所在学院的课程设置情况是之前有老师开设过《中西文化对比》《跨文化交际》等素质选修课，但后来因为教师进修或通用英语课时量增多等主客观原因这些课程作为选修课时开时断，课程的延续性受到很大影响，因此本次探索采用把中国文化、跨文化交际内容融合到通用英语教学的方式。

在和部分任课老师交流中发现：任课教师普遍感觉所用教材《新世界交互英语》虽然也是体现了国际视野，但偏重科技、环境和国外人文知识等方面的介绍，中国文化和跨文化交际知识偏少，内容稍显单调，文化内容的呈现方式缺乏系统性；选择该探索的另一原因是该校第四学期不设课程期末考试，以学生第三学期的全国大学四级(CET4)成绩作为课程评估手段，此举虽然有助于提高学生对全国性英语考试的重视，更好地备战四级，但在一定程度上影响了学生第四学期上课积极性，尤其是对部分四级分数达到课程考核分数线的学生，他们认为考核已过，对课程的参与和重视都有所松懈。在此情况下，课堂如何吸引学生、调动学生的学习积极性是一个巨大挑战；对部分学生的访谈表明，学生也希望增强课程的丰富性和趣味性，在学习语言知识的同时能接触到更多的文化知识。

从备战四六考试角度说，中国文化方面翻译出题比较多，如往年题目设计中国山川、资源、颜色的象征意义；跨文化交际知识在四级短文听力和六级讲座听力经常出现，英语国家概况有助学生拓展词汇和助力新闻听力，因此此次课程改革尝试也将有助于学生提高应试能力，因此，综合以上因素，在学习了三个学期通用英语基础上，项目组教师决定在其任教班级学生中增加中西文化、跨文化交际等专题的教学，从而提升教学效果。

二、实施方案

（一）实验对象

本研究实验对象为 2019 年上半年三位老师所教授的 2017 级 12 个班级（每人四个班）共计约 800 名学生。在后期反馈阶段，采用问卷星进行在线调查，由任课教师发放调查问卷。共有来自历史、政管、生科、数学、建工等参加教改的 10 个学院 318 名学生填写了该问卷。其中，被试男生近 26%，女生占 74%（表 6.1）。他们的四级笔试成绩（总分为 710）最低 290，最高 593，平均成绩为 419.85。

表 6.1　被试构成

选项	小计	比例
男	82	25.79%
女	236	74.21%
本题有效填写人次	318	

（二）授课内容

本次教改以现有教材《新世界交互英语》为主体，以网络拓展资料和慕课资源为补充。因教材采用单元主题式，而且顺承关系不大，因此对课本单元所授内容先后次序稍做调整。在学习素材方面，除了课堂讲解，还向学生推荐外研社"高等英语教学网"关于《英语畅谈中国文化》《跨文化交际实用教程》和中国大学 MOOC 的相关课程。

具体来说，在兼顾读写课内容基础上，加大和补充文化素养内容。具体来说，根据各单元主题，挖掘和拓宽文化知识点，引入跨文化交际、英语国家概况或中国文化等相关知识，增加中外比较视角、注重提高学生的中华文化输出能力。比如在讲授《新世界大学英语》第四册第二单元课文"Tech Detective（科技侦探）"后引入不同文化中非言语交际知识、比较相同手势的不同含义；讲授第五单元课文"Retracting the Mother Road（重走母亲路）"介绍美国承载几代美国人西迁历史的66号公路后，增加介绍中国古代"丝绸之路"和现在倡导的"一带一路""海上丝绸之路"主题介绍；同时对时事新闻中的信息加以选择和介绍，如把2019年5月召开的"亚洲文明大会"内容引入课堂，通过进行新闻播报、翻译活动，学习语言表达的同时，引导学生树立文明互鉴、人类命运共同体意识。

（三）上课方式

目前，高校大学英语课程多为单一教师授课制，即一名教师负责为期两年的大学英语全部课程的教学。对于轮流授课制，虽然有些思想政治课程类，如党课和《形势与政策》经常采用的一种形式，但在外语教育领域涉及较少，仅个别专业外语院校在教授某些课程时使用过，也有研究者虽提出过"大学英语教学轮流授课制方法推设"[①]，但在实践层面未见有真正探索和推行。

本次探索打破常规的"一人一课堂"，即打破原来通常情况下一名老师在一个班教授四学期英语的模式，采用三位老师"轮流授课"，原授课老师仍然是其责任教师，但在各单元讲授方面，试点班老师共同研讨、分专题备课，各负其责、合作授课，即在三位老师所任课班级内就不同单元专题轮流讲授。这样有利于使课程的讲授朝更精细、更有深度方向发展。教材单元主题式的结构客观上也为轮流授课创造了可能性。此外，授课教师向学生推荐中国大学慕课和网易公开课的有关文化内容，如《中国文化英语教程》《鸟瞰中国》等，鼓励学生课下进行更广阔的资源学习。

三、结果和讨论

（一）学习氛围

良好的学习氛围能够激发学生的上进心，而学习氛围不浓厚，容易影响学生学习兴趣，降低学习动机。关于学习氛围，认为本学院和本班"很好"的不到50%，超过50%的同学选择"一般"和"不好"（表6.2—表6.3），这主要是因为如今学习对于大学生活是其中一部分，学生面临各方分散注意力的事物越来越多。对于英语的学习态度，仅有大约21%的学生"积极主动、非常认真"，64.47%的学生选择"能完成作业和任务，但比较被

① 王群：《大学英语教学轮流授课制方法推设》，《中国电力教育》2007年第1期。

动”,12.26% 的学生学业采取凑合、应付态度,还有 2.2% 的学生选择“不能完成学业、对学习放任”(表 6.4)。此外,大学英语是一门公共必修课,涉及多个学院和专业,不同学院的学习氛围也不一样,一般来说文科专业学生学习氛围较浓,课堂气氛也更活跃;理工科学生互动稍差,学生开口说英语意愿和能力整体偏低。

表 6.2　“您所在学院整体学习氛围”调查结果

选项	小计	比例
A. 很好	147	46.23%
B. 一般	153	48.11%
C. 不好	14	4.4%
D. 很不好	4	1.26%
本题有效填写人次	318	

表 6.3　“您所在英语教学班的英语学习氛围”结果

选项	小计	比例
A. 很好	133	41.82%
B. 一般	165	51.89%
C. 不好	14	4.4%
D. 很不好	6	1.89%
本题有效填写人次	318	

表 6.4　英语学习态度调查结果

选项	小计	比例
A. 学习积极主动,非常认真	67	21.07%
B. 能完成作业和任务,但比较被动	205	64.47%
C. 学业采取凑合、应付态度	39	12.26%
D. 不能完成学业、对学习放任	7	2.2%
本题有效填写人次	318	

没有考试学期的出勤率是教师最为伤脑筋的方面,由于该校第四学期没有课程期末

考核,而是以四级成绩作为衡量,教师对学生没有考核,对其期末评估不发挥作用,约束条件少了,这就使得一些学生"有恃无恐",偶尔逃课或经常逃课。虽然被调查的学生中近47%的学生选择"仍然认真去上课"(表6.5),可能参加填写问卷学生本身很大一部分是上课比较认真的学生,实际出勤率情况并不乐观(表6.6)。原因主要是很多学生抱有"急功近利"的想法,跟成绩、跟学分甚至就业直接有关的课程就重视,无关的就不重视,这也体现在素质选修课的选择上。

表6.5 "如果英语只上课,没有期末考试和考核,您对英语学习的态度怎样?"调查结果

选项	小计	比例
B.看情况,可能偶尔旷课	152	47.8%
A.仍然认真去上课	149	46.86%
C.经常旷课	11	3.46%
D.不去上课了	6	1.89%
本题有效填写人次	318	

表6.6 本学期学生到课率调查结果

选项	小计	比例
A.从没缺过课	124	38.99%
B.76% ~99%	141	44.34%
C.51% ~75%	33	10.38%
D.26% ~50%	13	4.09%
E.25% 以下	7	2.2%
本题有效填写人次	318	

除了是否有课程考试,出勤率和任课教师日常管理、授课水平、学生所在学院管理也有很大关系,如有的老师平时给学生固定座位、定期举行活动并记录小组发言情况,学生的出勤率较高;有的教师针对学生薄弱环节进行授课内容,调整补充四六级或考研知识;有的学院点名制度较完善和严格,每节课都有点名,且出勤率会影响到学生综合测评和评优资格等,在此规定下学生也很少出现缺勤情况。

(二)轮流授课制

一般而言,大一新生由于怀着对教师大学课程的向往和想对教师的了解,对课程的

兴趣最大，但是随着时间的推移，当学生越来越熟悉上课模式、了解任课教师的教学风格后，课堂的新鲜感和吸引力会降低，尤其到了最后一学期（第四学期），部分学生对课程大概只剩这是一门必修课的概念，因此，本次轮流授课的形式受到大部分学生的欢迎和肯定。在参与调查的学生中，大约74%的学生喜欢几位教师轮流授课的方式（表6.7）。原因主要有：每个老师有不同方面的讲解，拓展的知识也不一样；可以接触不同的教学风格和教学方式，从不同老师那里学习不同的东西；可以接触更多的英语学习方式；对课程保持新鲜感；因此对课堂内容也比较期待。

表6.7 对于几位老师轮流上课的授课方式，您的态度是？ （N=318）

选项	小计	比例
A. 喜欢	236	74.21%
B. 不喜欢	82	25.79%

但将近26%的学生不喜欢几位教师轮流授课的方式。访谈中，学生提到有以下几方面原因："每个老师的讲课侧重点和方式有些差异，不太适应，需要重新适应老师的讲课风格"，"比较喜欢一直教我们的老师""新老师不了解我们，自己的老师比较了解学生，课堂气氛更轻松，比如有时还可以开玩笑""有的新来老师不知道学生真实英语水平，与学生之间互动较少，尤其可能会与其他老师所讲内容产生矛盾，或重复讲述"。此外，学生还提到一方面弊端，如教师因不了解学生面孔，造成小部分平时不太认真的学生"趁机逃课"。

从教师角度来看，轮流授课制也是有利有弊。减分备课、减少跨度可以使教师其专注、精心地准备某一两单元内容的教学，在内容深度、广度、教学方法、活动组织上进行更完善的探索，从备课量上来说，减轻了负担，即与其准备八个单元不同主题的授课，不如准备一两个备精、备深。然而，参与教改教师也谈到，新的班级对学生不熟悉使得互动等环节需要更多的准备，对一个班级刚熟悉了、又该换一个班级了；隔一段时间就更换授课时间和地点，需要格外注意避免惯性思维以免记错上课时间和地点；另外，偶尔还会有被当成"客串教师"的感觉，即学生觉得不是主要任课教师就不会特别认真对待。此外，轮流授课制给班级管理以及对学生形成性评价带来挑战。

（三）学习内容

对于课堂教学融入文化内容，大多数学生持肯定态度，比如对跨文化交际内容中非语言交际（如身势语）、中西方思维方式、价值观比较的讲解兴趣盎然，学生提到"喜欢老师补充的有关中美文化和跨文化交际的内容""不仅仅局限于课本内容，拓展了一些国外文化，开阔了眼界”“学习知识不局限于课本，尤其是跨文化交际学到很多实用的知识和策略”。在方式上，除了教师讲解，有的老师还增加学生展示环节，学生对此非常欢迎，认为“小组合作展示活动很好”。

学生都反映出学生对人文知识的渴求，但不同专业学生对文化教学内容具体反映一样。从任课教师反馈来看，如农学、药学院学生在课堂上对文化知识倾听更为认真，而在讨论、互动环节，历史、政治学的学生更为活跃。建议方面，学生希望课堂气氛更轻松快乐、方式更多样化、互动更多些，如有的学生还提到“喜欢老师讲文化方面的英语，老师可以在课上与同学交流关于英语电影、音乐，激发同学们对英语的兴趣”。当然，也有个别学生尤其是四级考试得分较低的学生表达了对考试英语的渴望，认为每节课能加点考试技巧的讲解和练习为好。

(四)对选修课和后续课程的看法

学生对选修课程的期望可分为三类(表6.8)。

表6.8 如果有拓展类英语课程，您对哪些课程感兴趣？(多选题)

选项	小计	比例
A. 口语	222	69.81%
N. 考研英语	193	60.69%
E. 听力	179	56.29%
M. 六级备考	140	44.03%
C. 翻译	138	43.4%
J. 旅游英语	124	38.99%
D. 写作	112	35.22%
B. 语法	111	34.91%
H. 跨文化交际	91	28.62%
L. 四级备考	82	25.79%
F. 学术英语	60	18.87%
G. 英美概况	58	18.24%
I. 商务英语	55	17.3%
K. 法律英语	29	9.12%
本题有效填写人次	318	

第一类为口语、听力技能课,原因是听说是大部分学生的弱项,听力在考试中得分较低,口语表达能力欠缺,“哑巴英语”现象亟需改善,尤其四六级口语考试已面向所有学生,而且职场方面也越来越倾向能实际运用语言的求职者。

第二类学生希望开设考试类课程,考研英语和六级英语相关辅导会受到青睐。原因是大部分学生在通过四级考试后开始设立新的目标,尤其对这所省属本科院校来说,很多学生将继续把读研究生作为本科毕业后的首选。

第三类课程为视野拓展类课程,其中“旅游英语”和“跨文化交际”排在前列,这说明在全球化时代背景下,国家交往日益密切,来华人员日益增多,交流不可避免,学生也希望走出国门去探索世界,因此可望通过这些课程做好语言储备、拓宽视野、提升自我。当然在有些课程选择上和院校规划不尽相符,比如学术英语已经成为该校 A 班学生的必修课程,法律英语和商务英语是该校想努力发展的专业方向,但实际感兴趣的学生并不很多。这也启示教育部门和授课教师开设课程一方面要从国家需求战略角度,另一方面也要结合学生的实际需要,这样才能建设学生满意的课程体系和知识体系。

四、结语

本次轮流授课制模式下以提高学生文化素养为目标的教学探索丰富了教学内容,在一定程度上提高了学生的英语学习兴趣,拓展了学生文化视野,有助于在外语教育中引导学生树立正确价值观、培养文化认同意识,从而坚定文化自信,总体上收到了较好的教学效果。然而,在实践过程中也发现一些问题需要改进和调整,比如如何更好地将教材和拓展内容更自然衔接,轮流授课制下如何使各任课教师在保留独特教学风格的同时在整体模式上做出有益于学生适应的统一等,这将使大学英语教学在内容、形式和质量上得到极大促进。

第二节　基于模因论视角的网络流行语探析

随着计算机技术的发展,网络已渗透到人们生活的方方面面,它已成为维系人们交流的工具和分享信息的重要平台。与此同时,人们的交流方式和语言传播受网络影响也越来越广,网络新词语不断被复制、使用和传播,从最初的的“给力”“打酱油”“我爸是李刚”到 2014 年的“且行且珍惜”“APEC 蓝”,再到 2019 年的“我太难了”“咱也不敢说,咱也不敢问”,网络流行语不仅已成为网民尤其是年轻人话语的一部分,同时也成为一些媒体的常用词,如新华网 2013 年曾刊登《这个长假,“累觉不爱”还是“喜大普奔”?》的评论文章;而在 2015 年的新年贺词中,国家主席习近平也用了“蛮拼的”和“点赞”这样的流行用语,令人倍感亲切。为何会出现网络流行语,这些流行语有什么特点? 模因论有助于更好地理解网络流行语现象的成因、特点及影响。

一、关于模因论

模因(meme),最早出现于英国演化生物学学者理查德·道金斯(Richard Dawkins)出版的《自私的基因》一书。从词源上它来自希腊语词 mimeme (“模仿”),在发音和拼写上借鉴了“gene”(基因)一词,指通过非遗传、即模仿的方式而得到传播的文化单位①。模因论是借鉴了达尔文进化论中遗传和进化的概念,来说明文化进化的规律。他认为人类的相互学习和模仿就是模因过程。模因是大脑中可以复制的因子,是文化信息的基因,是人类社会文化的传播方式。模因论解释了人类思维和行为模式之间的关系:人类通过模因的方式进行学习知识、文化、经验等。②

模因论(memetics)是一种基于达尔文进化论的解释文化传播和进化现象的理论,它旨在探索文化信息传播的社会演化模型。模因这个概念一经产生,就引起人类学、心理学、语言学等学科的广泛关注。布莱克默(Blackmore)将模因论进一步发扬光大,他认为该理论有两个派别:内部学派(即狭义的定义)认为模因是大脑中可以被复制和传播的文化信息单位;而外部学派则赋予模因新含义,认为它是呈现出来的社会现象③。本研究认为在分析语言现象时,两者结合更为合理,即模因是一种复制、传播文化单位的社会现象。

二、网络流行语特点

(一)网络流行语的起源

模因作为文化的遗传因子,类似于遗传因子,有其“母版”,语言形式得到“移植”和“嫁接”。在一定形式下信息被赋予不同的内容而得到复制、传播。网络流行语来源,即“母版”的产生多具有一定的轰动事件背景,如“珍惜体”是知名演员马伊琍对其丈夫的

① 何自然、何雪林:《模因论与社会语用》,《现代外语》2003 年第 2 期。

② 侯建波、孙静怡:《模因论视角下的网络新文体》,《外语教学》2014 年第 5 期。

③ Blackmore, S. Consciousness in meme machines. Journal of Consciousness Studies, 2003.

出轨行为之后在微博中“相爱不易，婚姻不易，且行且珍惜”后产生的，于是出现了“学习虽易，考试不易，且学且珍惜”“毕业虽易，求职不易，且行且珍惜”。而“甄嬛体”如“若是……想必是极好的”是伴随热播电视剧《甄嬛传》兴起的。

网络流行语另一来源为网络文章：如“累觉不爱”源自豆瓣网一个帖子，一名95后男孩感叹“很累，感觉自己没有力气，不会再爱了”，后来被用于表示事情无法接受却又无力改变时自嘲的感觉；网络用语“喜大普奔”是“喜闻乐见、大快人心、普天同庆、奔走相告”的缩略形式，表示一件让大家欢乐的事情，大家要分享出去，相互告知，共同庆祝；而“点赞”来源于各大网络社区如QQ空间、微信文章下方的“点赞”功能，即对某个内容（比如一篇文章、一条微博或上传照片等）表示赞同、喜爱。

（二）网络流行语的含义

变异，或是对现有因素的新增变化是模因语义方面的一大特点。文化模因也经历复制（模仿）、变异、演化的过程。从词义看，网络流行语继承原有的词义的部分含义，但又是在原词基础上意思变异，衍生出新的含义。从传统常规语义看，不足以充分理解其真正意义。如“APEC 蓝”，指的 2014 年北京亚太经合组织（Asia－Pacific Economic Cooperation）会议期间空气污染减少、空气质量状况达到优级，北京地区出现的罕见的蓝天场景，后来引申为短暂的现象。如“他对你的喜欢是APEC蓝，不要指望长久”。

另如“我也是醉了”一句中“醉了”一词，本意是人喝醉酒的状态，却引申为假借醉后不清醒的状态，表达对自己或他人一种无奈、郁闷、无语的情绪。如有学生在微博发照片写到“看着这么多作业，也是醉了”。随着社会的不断更新变化，现在“点赞”一词除了社交媒体的点击“赞”，也可以表示口头上或行为上为他人表示支持、加油等含义。

（三）网络流行语的存在原因

网络流行语之所以受人追捧、影响面广，可归结于以下几方面。

第一，追求新奇心理。网络语的使用群体多为年轻人，年轻人喜欢新颖，喜欢创造和模仿，而且接受新鲜事物较快。此外，年轻群体面临学业及工作的压力，以此方式有调侃意味，缓解压力，是现代人面对压力在网络中的一种宣泄方式。

第二，抒情达意需求。流行语能够非常贴切地表达人们的喜好，具有褒扬或批评社会现实的感情色彩。网络语有的直白、有的隐晦。如“萌萌哒”给人以可爱、喜欢的感觉，而“你懂的”则给人一种不能只看表面，其中大有深意的感觉，后又成为“心照不宣”，通用于任何无法言说的公开场合的“三字经”。后者也在2014年全国政协十二届二次会议新闻发言人吕新华回答《南华早报》记者提问时被提到。

第三，大众媒体的推动。媒体传播技术尤其是互联网、智能手机的快速发展使事件在短时间内迅速传播成为可能,“微博”“朋友圈”“抖音”等社交媒体成为人们接触新鲜信息的重要渠道。在网络上,语言的变化与更新让人目不暇接,凡是被大众同化的模因往往能在短时间内迅速传播开来。

(四)流行时间周期性

作为被模仿的文化单位,模因按其传播的范围、时间和能产性,分为两大类:弱势模因和强势模因。弱势模因指的是流行时间短、如昙花一现,随时间的推移或社会的变迁,逐渐退出大众的视线乃至消失的模因;强势模因是指那些生命力很强、能产性高、传播范围很广的模因,此类模因在复制和传播的激烈竞争中往往取胜,从而在一定的时期内得到广泛的传播。①

网络流行语按其传播时间也分成不同的类型。有些具有短暂流行尤其那些依托特定的社会事件或现象。如“我是打酱油的”“我爸是李刚”等随着事件的远去,这些流行语的使用频率也有降低趋势。《甄嬛传》热播时,所谓“甄嬛体”也曾红极一时,但现在慢慢也用得少了。而另外一些流行语如“给力”“萌萌哒”表达人们情绪尤其是积极情绪的词汇,则一直受到人们青睐,彰显它们的持续力。

三、网络流行语的影响

自网络流行语出现开始,人们对其褒贬不一:一方面,它是人们交流的一种方式,能够非常贴切地表达意思,体现语言的时代性和丰富性,有一定的合理性;另一方面,人们也应认识到,有些网络流行语是对原意的一种曲解,尤其那些具有粗俗表达和消极意义、不适宜广泛流传和推广,如“酱紫”(这样子)、“伐木累”(英语“family”、指家庭)、“喜大普奔”等。对于刚接受文化知识儿童及掌握语言内化关键期的青少年来说,学习正规的语言文字表达才是其语言能力发展的重要方面,应给予正确指引。此外,网络流行语在日常生活的应用中对于不常上网的群体:如给老年人带来交流的不便,让听者或读者会有不知所云、云里雾里的感觉。

鉴于网络流行语的广泛影响,2014 年 11 月 27 日,国家新闻出版广电总局就语言使用发出相关通知。该通知要求各类广播电视节目和广告应严格按照规范写法和标准含义使用国家通用语言文字的字、词、短语、成语等,不得随意更换文字、变动结构或曲解内涵,不得在成语中随意插入网络语言或外国语言文字,不得使用或介绍根据网络语言、仿

---

① 熊永红、曾蓉:《从模因论的角度解读流行语“被 XX”》,《外国语文》2011 年第 2 期。

照成语形式生造的词语，如“十动然拒”“人艰不拆”等。此通知又引起人们对网络流行语使用的思考。

模因论引入者何自然提出，模因有正与误、利与弊之分。正确的、有利的模因能使我们的文化传统得以代代相传、发扬光大；有害的、不具价值的模因如毒品般给个人、社会带来消极影响，如把“感觉”说成“赶脚”，把“知道”用“造”来表达，把“nice”说成“奈斯”既不合乎规范，又让人困惑，不利于语言文字的健康发展。而像“给力”（后来又演变成“奥利给”）、“萌”这样的词汇弥补了原有词汇的缺失，能够形象、有力地表达人们的意图，给人以积极的印象。我们要做的是如何正确引导，趋利避害。

四、结语

网络作为继报纸、广播和电视之后的第四大媒体，深刻影响着社会、经济、文化的发展和变革。语言本身是一个开放的符号系统，它的开放性、包容性和创新性将使更多的网络语言进入其中并发挥必要的功能：一方面，确有必要维护语言的纯洁性和规范性；另一方面，我们也不能对网络流行语完全否定，媒体、语言工作者尤其是教师应当因势利导，使其从“失范”到“规范”发展，在这过程中也要避免“规范过度”或“规范不足”。[①]

第三节　跨文化交际中时间信息的对比分析

时间信息是指人们通过对时间的理解和使用而传达出来的信息[②]。在跨文化交际中，时间信息是非语言交际中的一个重要方面，它无处不在，是人们交际过程中的一个重要因素，也是价值观的一种体现。文化学者豪尔（Hall）曾经说过，“时间会说话，它比有声语言更坦率，他传达的信息响亮而清晰”[③]。对同一文化背景的人当然能够清楚地理解时间信息传达的含义。但是，对于不同的文化背景的人来说，不了解其中的差异有可能造成交流困难、误解甚至矛盾，导致跨文化交际的失败。本部分从跨文化视角出发，选取中西方文化的代表——中国和美国，来论述中西文化的时间信息的意义差异和造成差异的原因。

---

① 陈春雷：《从失范走向规范：关于网络语言影响及规范策略的思考》，《学术界》2011 年第 4 期。

② 陈俊森、樊葳葳、钟华：《跨文化交际与外语教育》，华中科技大学出版社，2006 年，第 133 页。

③ 贾玉新：《跨文化交际学》，上海外语教育出版社，1997 年，第 133 页。

一、中西时间信息差异对比

(一)时间模式:环形和线形

有些学者认为时间和空间存在着某种契合,于是就产生了两种时间观:环形和线形时间观。环形时间观(也称为圆式时间观)认为时间是一个圆圈,世上万物经历一个时间周期后又回复到原来的状态,如昼夜交替、四季更迭一般。叔本华曾说,“时间就像一个旋转的圆,下降的弧是过去,上升的弧是未来,相交处的切线相连点是现在”。线形时间观则认为时间好比一条直线,是一种单向的持续的运动。

东方人尤其是中国人的时间观更倾向于环形时间观,而西方属于线形时间观。很多人觉得中国人的绘画、诗歌等都有强烈的与自然和谐的时间品位。再如当错失某次机遇后,中国人并不沮丧到极点,很快会恢复士气,原因是他们认为下次还有机会。但西方人尤其是美国人认为时间是有始有终的,他们觉得机遇一旦错过,就再也回不来了,所以他们会分秒必争,努力抓住每一次机会。

(二)时间使用:单向时间制和多向时间制

Hall 根据人们对非正式实践的使用特点,把不同文化的时间使用分为两类:单向计时制(monochromic time)和多向计时制(poly-chronic time)。单向时间文化认为时间是单向的线,像一条道路或带子,可以切割、延伸,但不可重复,因此单一时间内只能做单一的一件事,特别强调准时和最后期限。具有单向时间制文化特点的国家有西欧、北欧、北美等地区的国家及新西兰、澳大利亚等。

多向时间文化则认为时间是分散的由点构成的,时间不是一条线,而是围绕生活。该文化成员强调人们的参与和任务的完成,生活节奏比较慢,而不强调一切都按时间表,认为在同一段时间内可以做不同的几件事,经常改变计划,有时打断工作也被认为可理解,“人情”(维持良好的人际关系)比严格遵守时间更重要。

中国的传统文化是典型的多向计时制,人是时间的主人,使用时间比较随意,灵活性强。同一时间内如周末的安排可能改变做事的先后顺序;有些情况如部门开会、教师授课、拜访亲友还可能超出预定的时间,学生交作业往往到了截止日期(deadline)也往往总有几个不交的,理由是“忘记带了”,究其原因,还是时间观念不强。但美国人受单向计时制影响较深,他们经常会随身带有记事本,随时记下安排的活动及时间,有约见时,不仅要事先约定开始时间,还要约定结束时间,一旦订下计划,不会轻易改变,如超出预定时间,则需道歉和做出解释。

(三)时间取向:过去与未来取向

不同文化对于过去、现在、未来的三种时间的青睐也不同。中国人倾向时间的过去取向,这一点可以从人们对历史的态度和对现在某些事情的评判中看出。过去时间取向使得人们对历史和时间久的人和事珍爱有加,中国人经常以悠久的历史和灿烂的传统文化为荣;在做某事或重大决定时习惯"以史为鉴",看看有无"先例"。评价人物或工作晋升时也要"论资排辈",论资历,重经验;个人取得很大成就时,希望能"衣锦还乡""光宗耀祖"。

与中国人的过去取向不同,西方人更注重未来。但与中国人遥遥无期、理想状态的未来相比,西方人的未来一般是可预见的未来:可能短则是几天、几个月,最多不超过十年或二十年[①]。西方人认为将来才是最重要的,比过去、现在都好。他们有很强的进取心,很少循规蹈矩,不像中国人那样崇拜祖先,也很少像中国人那样重长尊师,师生、长幼之间更像是一种平等的个体关系。在找工作和晋升时年龄也不是重要的参考标准。

二、时间信息差异原因分析

时间是客观物质存在的基本形式之一,是物质形态交替的序列。时间具有客观性和可感知性,人的时间观念是对于客观时间的反映和认识。造成时间信息差异的原因也很复杂,主要来自不同思维方式,传统文化、宗教、历史价值取向等。

(一)思维方式不同

当人们感知外界信息时,会对所感知的信息进行诸如分析、推理、评估等心理加工活动。根据思维活动时对环境依赖的程度,一些学者提出"领域依附"(field-dependence)和"无领域依附"(field-independence)的认知模式,认为"无领域依附"文化的人们要比"领域依附"文化的人们更具有把某一组成部分从整体区分出来的能力,而后者对社会环境更加敏感。

显然西方属于一种"无领域依附"型思维模式,以逻辑、分析和线性为特点,体现在时间观上即有始有终的线形时间模式和把时间分割开来,专事专办的单向计时制。但东方社会尤其是中国的思维模式强调整体性和和谐性,讲究"天人合一",既然四季有交替、日月有轮回,平时对待的时间也是如此。

---

① 贾玉新:《跨文化交际学》,上海外语教育出版社,1997 年,第 134 页.

（二）传统文化和宗教因素

中国传统文化长期受佛教和儒家的影响。佛教的“轮回说”“因果报应”等体现出一种圆式时间观。儒家文化历来重视历史，主张以史为鉴，认为过去的经验和教训是今天事情成败的参考。此外儒家主张的“人之初，性本善”的“性善论”和“克己复礼”，认为人们从善性出发，固守其本性就可以了，这都容易引导人们走向过去时间取向。儒家文化的核心是“仁”[①]，“仁”是做人的标准，是人生最高理想和目的，所谓“己欲立而立人，己欲达而达人”。这种群体取向或他人取向的表现是特别注重人际关系、朋友情谊，因此在实际生活中，朋友拜访不大预约，即使超出时间，主人也碍于面子不好辞客。

西方文化深受犹太-基督教的影响，认为时间有始有终，它从创造万物的上帝或创世纪（编年史的零点）开始，终于末日审判的到来，即也在上帝那里结束。未来取向也源自基督教的“性恶论”，即人之初，因吃禁果，犯了原罪，才会到世上来受苦、悔罪。对他们来说，回归过去，如同走向原罪，因此他们把精力和希望放在实现近期的计划方面。此外，西方尤其是美国人极端崇拜个人主义，深深扎根于美国人心目中的“美国梦”（American dream）使很多人认为每个人都是独特的个体，有自己的思维和行为方式[②]，因此他们不喜欢因循守旧，而强调寻找并抓住机遇。

（三）社会发展阶段不同

中国传统上是一个农业社会，在长期的农村自然经济中，人们形成了“日出而作，日落而息”的习惯。计算时间、安排耕作通常以季节和节气为参照，对时间安排无须精确计算，随意性大一些，因此相对来说人们对时间的态度带有较强的个人化和心理色彩的因素。但单向时间制多出现在工业化程度较高的国家，西方工业产业占主导地位，工厂有着严格的作息制度，人们时间概念相对更强、更精确。

时代在发展、社会在变迁，时间信息也并不是一成不变的，随着社会的进步，经济的发展，城市化进程的加快，尤其信息化时代的到来使得不同文化背景的人们之间的交流日益增多，各自的时间观也在发生着微妙的变化：如中国人生活节奏越来越快了，人们开始习惯把时间量化，要抓住眼前的一分一秒；在参加会议、谈判等场合时彼此更尊重对方的时间，探亲访友前也开始预约了；开会、上课拖拉的情况也少了，而再放眼西方，他们在急匆匆地跟时间赛跑同时，也在思索如何放慢脚步，更好地享受生活。

---

① 姚宝荣、韩琪、王涛：《中国社会与文化》，陕西人民出版社，2004 年，第 164 页。

② 胡文仲：《跨文化交际学概论》，外语教学与研究出版社，1999 年，第 172 页。

三、结语

时间观是人们在认识世界和改造世界的过程中逐渐形成的，在相当长的时间内是相对稳定的。中西方时间观作为各自文化的深层因素，其定势和偏见有其根深蒂固的一面，短时间内难以消除。对此，我们应当以一种宽容的态度去看待不同的时间信息。判断一个人或一种文化的信息时间特别要综合考虑语境和个人差异，也不能简单地判断哪种时间观更优越。在跨文化交际的实践中，尤其是在非本国文化地，只有遵循“入乡随俗”的原则，才能促进双方的对话和交流，才不会导致跨文化交际的失败。从长期看，东西方时间观的一致趋势有利于双方的和谐发展和世界的融合。

第四节　认知角度下英汉情感概念隐喻的异同

隐喻(metaphor)是一种普遍现象。事实上，人们每时每刻都在使用大量的隐喻。隐喻的机制传统上被看成是特殊的修辞格，它指一套特殊的语言过程，通过这一过程，一物的若干方面被“带到”或“转移”到另一物之上，以至于第二物被说得好像就是第一物，因此隐喻传统上被看成是最基本的形象化的语言形式，形象化的语言或曰修辞性的语言(figurative language)，即那种言在此而意在彼的语言。[①]

当代西方认知语言学认为，从性质上说，隐喻不属于纯语言的范畴，而使属于认知的范畴；隐喻是人们理解抽象概念、进行抽象思维的主要途径。束定芳也认为，隐喻从本质上讲是一种认知活动[②]。隐喻认知理论认为隐喻在情感的概念化过程中起着非常重要的作用。由于情感是抽象的、模糊的或是难以表达的感觉，因此，为了生动形象地描述人类的抽象情感，人们经常把它们隐喻化，以便更好地传达和理解。本研究就以普通心理学两种基本情感“快乐”和“恐惧”的隐喻表达作为研究对象，对英汉日常用语中的隐喻做进一步的归纳和分析，并对产生异同的原因作进一步分析。

---

① 霍克斯：《论隐喻》，高丙中译，昆仑出版社，1992 年。

② 束定芳：《论隐喻的本质及语义特征》，《外国语》1998 年第 6 期。

一、英汉“快乐”隐喻的对比分析

(一)“快乐”隐喻共同点

根据普通心理学的解释,快乐是达到人们所盼望的目的后解除紧张,个体产生的心理上的轻松和愉快。

1. 快乐为“上”

人们高兴的时候身体常常是直立的,因此就形成了“快乐是上”的概念隐喻。在英语和汉语里,我们都可以找到很多有关“高兴是上”的隐喻。如:

(1) I'm feeling *up*.

(2) His spirits *rose*.

(3) 他情绪高昂/高扬/高涨。

(4)听到有去露营的活动他兴致很高。

2. 快乐是容器中的液体

在英汉两种语言中,有一个共同的表示“快乐”的概念隐喻,即“快乐是容器中的液体”,在这里,人本身就被看作是一种容器。一般情况下当人们喜悦兴奋时,血液循环会加快,人体这个容器就要处于满的状态,感觉强烈时情感就外溢 。如:

(5) We are *full* of joy.

(6) The girl was *overflowing* with joy.

(7) 他心中充满无限喜悦之情。

(8) 她觉得快乐突然浸入她的全身,似乎一下子到达每个毛孔。

3. 快乐表现为活泼的行为或动作

英语和汉语都用高兴时人肢体动作和行为上的变化,如“跳跃、欢呼、张嘴、露出牙齿”来表达欢乐之情。

(9) The boy *jumped* for joy.

(10) They are *dancing* with joy.

(11) 那个男孩兴奋得跳了起来。

(12) 他们兴奋得手舞足蹈。

(二)不同点

1. 在英语中,有“快乐是离开地面”的表达,如“on cloud nine”“walk on air”,而在汉语语言文化中,离开地面是骄傲自满的表现。中国人向来把谦虚和稳重看作是美德,因此

离地面近才是被褒扬的,如下列句子:

(13) The boy was *on cloud nine* after he winning the competition.

(14) After the exam, I was *walking on air* for days.

(15) 取得一点成绩她就飘飘然了。

(16) 他是一个脚踏实地的人,受到上司的器重。

2. 在英语中,有“快乐是眼睛在动”的概念隐喻,但在汉语中,表达更丰富,表示快乐时不仅有眼睛在动,眉毛也在动,甚至整个面部在动,因此汉语中喜悦的概念隐喻是“快乐是眼睛和眉毛在动”,如下列表达:

(17) Her *eyeslit* up with joy.

(18) 她眉开眼笑/他喜笑颜开/笑逐颜开。

二、英汉“恐惧”隐喻的对比分析

恐惧是人的基本情感中的一种。按照普通心理学的解释,恐惧是个体企图摆脱或逃避某种情景时产生的情绪体验。这种体验通常是由缺乏处理可怕情景的能力所引起的。

(一)“恐惧”隐喻共同点

1. 恐惧是容器中的冷液体 (fear is the cold fluid in a container)

(19) The sight *filled* the woman with fear and horror.

(20) The sight of the dead body made her blood run *cold*.

(21) 他吓得手脚都冰凉了。

(22) 听到后面传来的脚步声,我吓出了一身冷汗。

2. 恐惧是身体器官的生理反应(fear is physiological reaction)

(23) The accident made him bring his *heart* into his*mouth*.

(24) The girl *turned pale* with sudden fear.

(25) 她吓得胆战心惊。

(26) 他吓得面无血色。

(二)“恐惧”隐喻不同点

1. 在英语中,有用鹅(goose)来表达“恐惧”的隐喻,因此英语中有“胆小如鹅”(being fearful is like a goose)的隐喻概念。如:

(27) The sudden sound made her *goose-pimpled*.

但是,汉语中则用“鼠”来表示害怕、恐惧和胆小,因此在汉语中有“胆小如鼠”(being

fearful is being like a mouse)的隐喻概念，例：

(28)他其实是个胆小如鼠的人。

2. 英国文化是海洋文化，因此英语中有许多表达和海洋有关。表示“恐惧”的隐喻概念也是如此，很多就出自航海上的术语。如：

(29) It *gets the wind up* him.

(30) He knew it's not going to be an easy task. He could see *rocks* ahead.

汉语中有“惊弓之鸟”“杯弓蛇影”等跟弓箭有关的表示恐惧的隐喻。

3. 汉语表达中还有一些独特的而英语中没有的有关“恐惧”的隐喻，例如：

(31)他吓得魂飞魄散。

(32)她被吓得魂不附体。

三、英汉情感隐喻对比认知分析

隐喻的实质就是通过另一类事物来理解和体验某一类事物。从结构上说，隐喻是将始源域 (source domain)的框架投射到目标域(target domain)之上。上述举例对英汉“快乐”和“恐惧”的概念隐喻进行系统的对比，可以看出这些情感隐喻共性和差异共存。下面就这些异同现象的原因从认知角度做进一步分析。

(一)共性源于人类相同的生理特征和情感体验

认知语言学家 Lakoff 和 Johnson 认为，隐喻不是任意的，而是以人们身体的经历为基础的。最初，人类在寻求表达抽象情感时就是“近取诸身，远取诸物”。因此很多情感概念隐喻的来源域投射在人自身的身体经验，如人体被看作一个存放感情的容器，感情则是容器中的物体。

根据 Lakoff 和 Johnson 的研究，英语中很多隐喻和空间方位有关，当人站直身体时，呈现的是一条从头到脚的垂直的轴线①。这条轴线确定了“上下”的一面。身体的经历是从地面向头或更高，有“上”“下”之分。然后这被隐喻地扩展为任何可以理解为这个垂直的运动。直立的姿势则往往与正面的情感状态相伴，而低垂的姿势通常与悲伤、压抑的情感状态相关，所以就有了“高兴为上，悲伤为下”的表达。人在恐惧时血液循环速度变慢，因而身体就会发冷，因此也就有“恐惧是冷液体”的描述。

(二)差异源于不同地理、文化背景和思维方式

不同的地理环境、文化背景和思维方式都会影响人们的语言表达。中国自古是以内

① Lakoff &Johnson. Metaphors We Live By. Chicago: University of Chicago press, 1980.

陆农业文化为主的国家，而英国则是四面环海的岛国，以海洋商业文化为主，因此英语中有关海洋、船只的隐喻十分丰富，如例(29)出自航海上的术语。而在中国古代，由于弓箭在战争中是一种常见的作战工具，因此汉语中有跟弓箭有关的表示恐惧的隐喻，如“惊弓之鸟”“杯弓蛇影”等。“鼠”和“鹅”的使用也是这是因为两个国家的地理环境不同，某一类物种多少就不同，因此词汇的选择不同。

由于各民族的语言都有其相当悠久的历史文化，它们负载了大量各民族独特的内容和意义。每个民族都有自己独特的认知方法，他们将自己对现实的认识和理解投射到语言上，这也造成各民族的概念隐喻系统也不相同。中国传统文化中，人的情绪变化常和人的具体器官相联系。从一些例子中我们可以发现，关于人体部位词的隐喻在汉语中的运用比在英语中用得更广泛，也更频繁，如在表达快乐时，英语中是“眼睛在动”，而汉语中还有“眉毛”和整个面部在动；在表达悲伤时，不仅是“心”（如“伤心欲绝”“撕心裂肺”），“肝肠”（如“肝肠寸断”“沁入肝脾”）等都能表达，这是因为中国人是一种形象思维，所以他们较注重面部表情。正如钟小佩所说“在认识抽象世界时，汉语的人体隐喻则更丰富”。①

在汉语表达中，人的情绪变化常和人的具体器官相联系，如上段中关于“悲伤”的表达都和“心”“肝”有关，这是受中医理论影响的结果。在中医理论中，胆有影响思维活动和决定个性的功能，因此表达恐惧就有“下破了胆”“胆战心惊”等说法。此外，中华民族的祖先相信鬼魂的存在，认为人死后会变成鬼魂，并且认为人受到极度惊吓时，灵魂会出窍。由于对死亡的恐惧感，因而语言中也存在大量的和“灵魂”有关的表示“恐惧”的隐喻。但这种情况在英语中是没有的。

此外，中国人非常注重内心活动。他们思维是内向性的，含蓄而深沉，人们说话办事讲究沉稳含蓄，感情外露不值得称道。因此，在汉语中，“离开地面”“好高骛远”被认为是骄傲自满的象征，“脚踏实地”则是称赞语。相反，英语民族比较坦率，讲究直截了当，在英语国家，直率、感情外露受人赞许，因此英语中有“快乐是离开地面”这个概念隐喻。

四、结语

近年来，隐喻成为众多学科关注的热门话题，对隐喻的跨学科、跨文化研究更是越来越受到人们的重视。人们认识到隐喻性词汇不仅是一种语言现象、一种思维方式，同时

---

① 钟小佩：《从认知的角度看汉英“世界是人”的概念隐喻》，束定芳：《语言的认知研究：认知语言学论文精选》，上海外语教育出版社，2004 年。

也是一种认知现象。通过对英汉语言中“快乐”和“恐惧”的概念隐喻进行对比和分析，可以了解到两者的共性源自人类所共有的生理特点和情感体验，而差别则体现了两个民族不同的文化背景和思维方式。隐喻是人类认知世界的重要手段①，了解和研究英汉隐喻性词汇之间相同点与差异有助于了解不同民族的特点，也有助于提高学习者的语言运用和跨文化交际能力。

① 蓝纯：《从认知角度看汉语的空间隐喻》，《外语教学与研究》1999 年第 4 期。

第七章

非常时期在线教学

第一节　疫情与在线教学

一、疫情背景

2020 年初，一场突如其来的新型冠状病毒性肺炎的暴发打乱了正常的社会秩序，给人们的方方面面带来了严峻挑战。减少人员流动、阻断病毒传播是有效抵抗疫情的方式，在此背景下，教育部做出了 2020 年春季学期延期开学的决定。对于延期开学期间学生居家学习的问题，教育部要求各地教育部门和学校认真做好延期开学期间“停课不停教、停课不停学”工作。但是在居家状态，即在老师与学生之间、学生之间互不见面的情况下如何开展教学，这是所有教育管理者和教师必须面对的问题。毫无疑问，以现代通信技术为支撑的教学尤其是在线教育成为实现这一目标的重要途径。2020 年 2 月 4 日，教育部应对新型冠状病毒性肺炎疫情工作领导小组办公室发布《关于在疫情防控期间做好普通高等学校在线教学组织与管理工作的指导意见》，指出各高校应“在慕课平台和实验资源平台服务支持带动下，依托各级各类在线课程平台、校内网络学习空间等，积极开展线上授课和线上学习等在线教学活动，保证疫情防控期间教学进度和教学质量”。在此期间的教学实践也是对非常时期各种远程教学方式的重大考验。本研究关注在此期间大学英语的教学状况并探讨如何实现在线学习与线下课堂教学质量实质等效的途径。

二、在线教育

在线教育是（e - leaning 或 online learning）一种师生时空分离，以网络为介质，以计算机、手机等为载体进行教育教学的新型教育形态,跟传统课堂直接互动为主要形式的面授教学在本质上有着不同,其形式实质是远程教育(distance learning),能够满足学习者多样化、碎片化、个性化和自主化的学习需求[1]。关于远程教育理论基础,不同学者持有不同的认识,目前较有影响的有独立学习理论、交互距离理论、远程教育工业化理论、成人学习理论、联通理论(connectivism)和E教育模型等。笔者认为E教育模型与目前的在线教学最为密切。

"E教育模型"(e-education model)是2011年由郑仁星和莱切姆提出的。该理论认为空间本身是变革的推动因素,发生变化的空间又促使实践变革。这个模型有三个主要成分:第一个成分是延伸教学空间(extended teaching space),即教学由执行(execution)、促学(facilitation)和摆脱束缚(liberation)三个环节组成,执行是教师的传统角色,包括向学生传授知识和技能,布置学习任务和确定学习结果;第二个成分是延伸学习空间(extended learning space),即延伸学习空间有助于开展三种基本学习活动——习得、应用和建构,多媒体资源和协作性技术有助于获得、探索和发现知识,提高学生学习动力和投入,而技术的使用给他们提供更多应用知识的机会,也有助于学习者建构学习社区,在物理和虚拟空间创建共享网络;第三个成分是对话和反思(dialogue and reflection),即是连接延伸教学空间和学习空间的纽带。该模型的不足之处是把教学空间和学习空间分开,虽然这样能强调在E教育平台师生虽有关联但又是不同的责任和角色,但是这会导致人们可能把教与学对立起来。此外,这个模型没有考虑时间维度[2]。事实上,时间和空间是不能分开的;但是总体上把教、学和互动三方面作为重要的三部分是值得肯定的。

三、疫情与在线教学

信息科技变革给世界带来了翻天覆地的变化,也正在驱动着一场新的教育变革。2020年是《国家中长期教育改革和发展规划纲要》以及《教育信息化十年发展规划》的收官之年,"停课不停教、停课不停学"政策的初衷是在新型冠状病毒性肺炎疫情蔓延的非常时期,鉴于师生空间分离的特点,使学生度过有意义的"延长"假期的应急之举,实际相当于是对信息化教育的检验和促进。非常时期的在线教学对教师和学生既是挑战,也是学习、成长的机遇。教学选择更重要的是有效,而不应停留在仅注重技术新花样或者照搬课堂教学。在此过程中,注重授人以"鱼",更要重视授人以"渔",尤其在课堂多元互

---

① 赵洪利:《在线教育理论与实践》,北京理工大学出版社,2018年,第1页。

② 肖俊洪:《与时俱进发展远程开放教育理论》,《中国远程教育》2019年第12期。

动、提升学生自主学习效率等方面还需更多探索和提升。与此同时，语言学习和品格培养、家国情怀等思政元素教育也要适当融合，因此以现代技术为依托的线上教学必须结合学生需求和学习条件因地、因生、因需制宜，提前分析学情，设定教学目标，明确教学资源和教学内容，选择合适的教学方式，设计并实施教学活动，进行教学互动和评价，从而真正做到促进学生专业学习和全面素质的提升。中共中央国务院 2019 年 2 月印发的《中国教育现代化 2035》提出加快信息化时代教育变革。教育部 2018 年 4 月印发的《教育信息化 2.0 行动计划》也描绘了面向未来教育发展的图景，对教育界提出了新的研究目标和追求方向，可以预测，以此次疫情时期的在线教育为契机和助推器，学校的信息化、网络化教育将得到进一步加强，学校教育和在线教育也将进一步融合，涵盖在线学习、移动学习和数字技能培养的教育治理能力将得到持续关注。

第二节　在线教学实践分析

在线教学涉及多方面因素，各环节均需提前预判、准确把握、稳步实施，共同建构环环相扣、转换流畅的教学活动单元。大学英语课程为高校非英语专业必修课，课程覆盖面非常广，线上教学的质量对学生的整体的认同和获得感非常重要。为此，很多高校积极应对，精心筹划、认真组织。

一、教学分析：精准把握学习条件和学生需求

学生方面，需要精准把握其学情是进行有效教学的前提和基础，在线教学也不例外。开课前充分调研、了解学生硬件是顺利进行在线教学的前提。聊城大学、青岛大学、中国矿业大学等在组织授课前做了充分调研，如调查学生上课设备等硬件条件，明确学生的上课途径，了解学生是以手机、电脑还是其他移动设备进行学习、网络情况和流量状态怎样，以便教师选择合适的方式进行网络授课（表 7.1）；调查学生手头的学习资料情况如有无课本，以及学生对学习内容和方式的意愿，以便甄选学习内容，制定完备的课程教学方案。

表 7.1 关于学习途径,符合学生目前实际情况的一项(聊城大学调查示例)

选项	小计	比例
手机、WIFI	143	54.37%
电脑或 iPad、WIFI	80	30.42%
手机、流量很少	21	7.98%
手机、流量充足	16	6.08%
其他,请填写	3	1.14%
本题有效填写人次	263	

关于寒假期间的学习,在没有特定要求情况下,聊城大学对 263 名大一非英语专业学生的调查显示,14% 的学生没有进行英语学习(表 7.2)。有英语学习经历者的在学习情况排在前三位的是“背英文单词”“听英文歌”和“看英语影视剧”。可以看出,总体上学生对英语学习还是比较重视的,尤其喜欢进行词汇这样零散、便于积累的学习活动,这一倾向在关于“停课不停学的学习内容”的问卷反馈也有体现,排在前两位的是单词类 APP 和“跟课本相关的 APP”(表 7.3)。

表 7.2 学生在假期进行英语学习内容是(多选题)

选项	小计	比例
背英文单词	159	60.46%
听英文歌	139	52.85%
看英语影视剧	102	38.78%
没学英语	37	14.07%
做英语题	21	7.98%
其他	18	6.84%
看英语新闻	10	3.8%
读英文小说	9	3.42%
本题有效填写人次	263	

表7.3　关于“停课不停学”的学习内容，学生比较喜欢的类型是________(排序题)

选项	平均综合得分
背单词类的学习：如扇贝或百词斩等	2.73
跟课本相关的内容	2.44
中国大学MOOC（慕课）、网易课	1.38
若有其他，请填写	0.16

这也给线上教学提供启示，把词汇教学和积累作为重要内容来进行。另外，教师充分考查学生对“停课不停学的”建议，学生在先期调查中的主要建议有：

希望老师能指出目标要求，安排内容，学生自主学习。

老师提供资料，学生自学。

老师安排课程预习，自主用百词斩背单词，自主学习英文小说。

平时背背单词，根据app预习课本上的内容。

假期学习其他内容，学习效果难以保证，建议以识记单词为主，方便检查和提高。

加强监督，不能松懈。

老师安排一些固定任务吧，自主学习缺少自律性。

希望老师可以组织学习，因为有的时候，我们自己也不太自觉。

建议提供英语音标的课程和发音教学。

多添加听力的学习和训练，最好有测试之类的。

老师可以推荐几部好的影片。

学习内容尽量朝四级英语考试靠近。

适量学习，不要给学生带来太大压力，不强制要求。

从对学生调查反馈来看，学生普遍希望有教师布置的学习内容和监督，避免学生自己学习盲目和自律性不强，但另一方面又不希望全部由老师控制学习内容和节奏，建议自己有一定的自主性，满足个性化学习的需要。

教师方面的准备主要是对于教学资源的选择以及教育技术水平的提高。内容方面，主要以教材为主。技术方面，大部分高校和教育平台推出了系列培训内容，如外语教学与研究出版社针对高校教师在探索在线教学设计与实施过程中可能面临的问题与困惑，邀请在外语教学、教育技术领域的专家和具有丰富经验的一线教师为全国高校教师提供在线教学能力提升的公益课程。该课程采用直播和录播两种形式，涵盖了教学模式、教学案例和微课制作等方面内容，助力广大外语教师提高在线授课能力。

二、教学设计：合理挑选授课平台和授课内容

外语教育出版机构疫情期间免费开放的资源为疫情期间的线上学习提供了重要的支持和便利条件，在助力教学方面发挥重要作用，这些平台既包含通用英语课本内容，也包括技能提高类、文化、文学等拓展内容的学习。其中使用最广的一是上海外语教育出版社旗下 WE 外语智慧教育平台和教学资源如 WE Learn（随行课堂）、“词达人”等，二是外语教学与研究出版社（以下简称“外研社”）的教学平台和资源。以外研社为例，为全国高校外语在线教学提供十多种外语在线教学平台与教学资源（表 7.4）。

表 7.4　外研社高校外语教学平台与资源

版块	资源	内容
在线教学平台	U 校园智慧教学云平台	涵盖多部重点教材的 90 多门配套数字课程
	UMOOCs 中国高校外语慕课平台	涵盖 12 个课程方向及“一带一路”沿线国家语言文化、外语话中国等 6 大特色专题，134 门课程在开课中
	外研随身学 APP	大学英语、职教英语、多语种教材音视频内容，可供学生自主学习
	U 讲堂学生	免费提供 100 门学习课程，供学生进行多语种学习，熟悉和准备“国际人才英语考试”，以及提升全国英语演讲大赛、辩论赛、写作大赛、阅读大赛备赛技能等
	U 讲堂教师	免费提供 16 门教育技术相关主题教师课程，以及“高校教师在线教学能力提升”系列公益课程
	Utalk 视听实训平台	提供视听资源、口语自动评阅功能，促进学生口语训练，作为英语听说教学（如线下英语角和课堂活动等）的替代解决方案
	iTEST 大学外语测试与训练系统	提供在线测评资源与服务，可随时随地组织测试训练，检阅教学效果
	iWrite 英语写作教学与评阅系统	
高等英语教学资源	教材电子文件	提供部分教材的电子文件
	HEEP 高等英语教学网“教材支持中心”	支持教师免费下载与教材配套的丰富资源，包括课文录音、交互式课件、PPT 课件、电子版教师用书、教学设计方案、教学示范视频以及补充教学素材等
	线上教学解决方案	推出大学英语、英语类专业线上教学与备课解决方案，助力教师线上教学
	教材备课资源	包含各类教学素材和资源包

大学英语教学方面，在了解到绝大部分学生未带教材回家的状况后，多数高校的大学英语教学采用和上述外语教学平台联合，为学生选用和教材相关的英语在线学习平台，并为学生推荐部分网易公开课等其他在线课程，充实学习渠道，以满足学生个性化学习的需要。以聊城大学2019级B班为例，学生结合外教社WE Learn进行单元预习和测试，教师以中国大学MOOC的教学资源+SPOC授课形式进行课文深度讲解。

除了课本内容的专业学习，非常时期的在线教育包括更广的内容，尤其是结合该时期特定时事内容。教育部负责人在谈到网课内容时说只要有助于学生成长进步的内容和方式都是可以的。要坚持国家课程学习与疫情防控知识学习相结合，特别注重疫情防护知识普及，加强生命教育、公共安全教育和心理健康教育等。在这方面，很多高校都进行了有益的探索，把战“疫”和促学结合起来，如浙江财经大学英语教师孔飞燕老师精心制作了《Beat the virus as one—众志成城 共抗疫情》英语微视频。她用流畅的英语、生动的图文从医生责任（conscientious doctors）、政府力量（powerful governments）、国际援助（international assistance）、个人理智（rational individuals）这四个方面向学生传达“众志成城，共抗疫情”这一主题。聊城大学教师一方面在课上专门增加抗“疫”教学版块，如介绍和疫情有关的英文表达、精选国内外疫情抗击相关的英语新闻，并让学生以现实为导向、结合疫情完成写作、演讲等任务，以此传递中国力量和中国精神，激发学生的爱国热情，取得良好教学效果；另一方面结合教材主题和“抗疫”有机结合，在讲解“living green”（绿色生活）主题时，引入中国“天人合一”的思想，通过观看小视频《Nature is speaking》（大自然在说话），引导学生节约能源，敬畏自然，不食野味等。中国地质大学教师结合授课内容中“Hero”（英雄）的主题，从中华优秀传统文化中的民族英雄、伟大领袖、战斗英雄等大人物们讲起，引申到抗“疫”过程中医务人员、警务人员、志愿者、车司机、快递员等我们身边无数普通平凡的平民英雄并引导学生明白，每个人灵魂里都有一位潜在的英雄。特殊时期，学生尽自己所能、做好每一件事，每个人都可以成为自己的英雄……这些内容极大的引起学生的积极性和参与性，也是一堂堂对其进行正确的价值引领生动的“课堂思政”。

三、教学过程：统一授课和自主学习相结合

根据前期调研结果不同，各高校进行的教学也不尽相同。在教学过程方面，教师多数依靠多平台进行混合式教学，进行外语学习中听、说、读、写、译各项技能线上教学、线上互动和线下自主训练。途径方面，教师们充分利用学校以及社会第三方提供的多种教学资源平台和教学支持平台，做足多种预案，既有在线授课的准备，同时也有其他交流平台的作用。如中国大学慕课、智慧树、外研社的U校园、Unipus、外教社的WELearn外语

教育平台成为主要的资源平台，超星学习通、腾讯课堂、钉钉、微信、QQ 等成为在线直播教学平台。教师通常组织学生加入超星学习通、QQ 群、微信群，便于及时联系（常用工具和平台见表 7.5）。事实证明，直播教学如学习通，外语教学平台如学习通、MOOC、“随行课堂”都出现拥挤崩溃的状况，QQ 和微信作为备选交流渠道发挥了重要作用，因为它们能够组织学生互动，监控学习进度，保障教学实效。

在具体授课方式方面，主要有直播授课、录播教学、慕课授课和任务研讨式授课等。通过对聊城大学的学生调查也发现，学生喜欢实时直播的比例并不高（33.5%），53.6% 喜欢教师留给学生一定的自主性。但是录播教学视频或单纯的慕课学习会导致互动性不足，不能有效保证教学质量，因此，多数教师采用的是混合式教学，如提前把教学目标、教学材料发到教学平台供学生了解预习，上课过程主要以直播和个人录播为主讲授重点、难点，并加以讨论和答疑。

表 7.5　常用在线教育各种平台和工具

选项	平台或工具
直播	钉钉、超星学习通、腾讯课堂、腾讯会议、QQ、ZOOM、抖音
在线资源	中国大学 MOOC、智慧树、学堂在线等
公共社交平台	QQ 群、微信群、e-mail 等
课程平台	外研社 Unipus，外教社 WE Learn
微课录制	Camtasia Studio，Focusky，Powerpoint，WPS

四、教学评价：有效教学保障的保障

线上教学评估是有效开展教学的保障。在线教学对学生的评估主要有以下途径：①教师通过组织线上讨论、答疑辅导、布置在线作业进行在线测验等教学活动，进行学习考核；②充分利用课程平台建立教学学习行为分析数据，了解学生在线学习情况，如外教社的 WE Learn（随行课堂）和外研社的 Unipus 都会记录学习者的学习内容、进度、正确率等，教师能查到学生的学习轨迹和学习分析，还能进行测试，并利用“批改网”和“iWrite”进行翻译、写作的考核，教师以此为依据对学生学习过程和效果进行监测；③充分利用问卷调查、访谈等，开展对学生学习体验、效果的调查，了解学生的感受和满意度，探索提高教学效果的新途径。

第三节 在线教学反思

一、问题与不足

从目前实施情况看，以信息技术为依托的线上教学虽然在推动下已成为各专业教学的主要手段，但是在使用的过程中依然存在诸多不足。

（一）硬件因素

网络学习的基础设施不足。网络在线课程对教学设施的要求较高，新型冠状病毒疫情防控期间学生居家进行英语在线学习时受到个人因素以及学校设施的影响，学习需求可能无法得到充分满足。从学习者角度来说学生因家庭经济条件等因素造成的“数字鸿沟”依然存在，学生并非都人人拥有电脑等学习设备、不能保证随时在线学习；此外网络不通畅等原因造成课程中断或无法进行。但是多数教育部门却理解为“停课不停学”就是进行线上教学，尤其在课程伊始而忽视了这些客观因素。

就在线平台来说，应当为课程的正常进行提供技术保障。但是，从实际反映来看，并不尽如人意。响应“停课不停学”号召，全国各高校都开展了各种探索，再叠加上中小学的网上授课和机关与公司的网络办公，一时之间网络拥塞、系统崩溃时有发生。2020 年 2 月 17 日的网课被媒体形容为“大型翻车现场”，多款在线教育软件崩溃，被合称为“派雨通”的课堂派、雨课堂和学习通也未能幸免，甚至连网易旗下的中国大学 MOOC（“慕课”）、阿里钉钉也出现崩溃。对于此次崩溃，学习通官方微博回应称“尽管在此之前，学习通已经做好充足预案和硬件升级，但由于今天（2 月 17 号）早上 8:00 左右，学习通使用量瞬间超过 1 200 万人，服务器压力过大，导致部分用户在登陆、图片传输等功能出现短暂异常”。技术人员采取了限流措施，并反复提示用户错峰学习。外语在线学习平台也是如此，如外教社的大学英语学习 APP“WE Learn”（随行课堂），在高校开课第一天也出现了缓慢、无法进入学习页面的状况。网络崩溃导致直播课程中课堂中断，授课教师只能停止教学或再转战其他平台；平台服务方提出的错峰学习虽然有助于保障学习的延续性，但打破了教师和学习者的原定计划，只能“一次又一次尝试”，消耗了耐心和精力，因此网络技术在一定程度上也会影响在线英语教学的效果，网络不通或故障对学生学习积极性造成一定影响。

(二)教学方式的选择

教学方式的选择与学生硬件学习条件及教师的信息化教学能力密切相关。“停课不停学”政策初衷是在新型冠状病毒性肺炎疫情防控期间学生居家的特殊情境下,使学生度过有意义的“延长”假期,但是有些教育部门去理解为“停课不停学”就是进行线上教学,出现忽视一些客观因素,硬性规定教学或学习方式的现象,如要求教师录课或直播课程,而有的教师开展网络教学的意识和能力不强。有的地区和学校实行“一刀切”政策,“教师变主播”仓促上阵,课程质量大打折扣。教育部有关负责人就延期开学“停课不停学”有关问题答记者问时也强调要制止强行要求所有教师进行录播,因为不仅质量上难以保障,而且也会增加教师负担,并且造成资源浪费,教育部虽有明确规定,不提倡、不鼓励、不支持大规模的网课,但是很多学校层面把网上直播看作新的突破和创新。此外,还有的教师则出现另一极端,存在应付情况,完全依赖网上资源,只是布置和上传教学资源内容,缺乏精准安排和监督,这样的“不停教”,其实质是“不教”,完全以学生的自学代替教课。

(三)教学内容的安排

有的学校和老师认为就是正常的课本内容教学,组织教师进行新课的讲授。对此,教育部办公厅、工业和信息化部办公厅2020年2月12日联合印发《关于中小学延期开学期间“停课不停学”有关工作安排的通知》,指出“坚持国家课程学习与疫情防控知识学习相结合,注重加强爱国主义教育、生命教育和心理健康教育,鼓励学生锻炼身体、开展课外阅读;坚持学校教师线上指导帮助与学生居家自主学习相结合,限时限量合理安排学习”。对此,教育部2020年2月14日印发《关于在疫情防控期间有针对性地做好教师工作若干事项的通知》专门强调各地教育部门和学校要“结合当地线上教学平台和各校实际,因地制宜组织教师开展在线教学,注意青少年身心健康,不得违反相关规定安排教师超前超限超纲在线教学”。对于大学教学,虽然没有明确说明,笔者认为应当兼顾专业学习和全面素质提高,尤其要结合疫情把生命教育、安全教育、担当责任等适时融入教学。

在“全民网课潮”中,中山大学中文系向各年级学生进行的学习安排被认为是“一股清流”,他们一是不跟“风”开网课,二是鼓励本科生、研究生在家进行研究式学习,多阅读与写作:完成“大一作文”“大二书评”“大三学年论文”“大四毕业论文”;集中落实“中山大学中文系推荐阅读书目”。此举遵循人文学科的特点,有益于让学生通过这段时光自我阅读、思考,在自主学习中学会独立思考。中山大学中文系此举收到该校不少老师和同学的支持和其他院校同行的赞扬。不宜在线课程为依托的形式实际也非常适用于外语类阅读和写作课程，学生沉淀下来，通过手头纸质或电子文本通过阅读、写作、分析等能够对材料进行深度学习，辅以教师针对性的指导获得较好效果。

（四）课堂质量监管和学习效果的衡量

在线课程使得学习从教室转到网络虚拟环境，对于在线课堂存在的问题，学生反映较多的是"缺乏师生互动交流""缺乏监管""教学各个环节容易敷衍、不专心"。缺少教师面对面的指导和监督，从语言课程本身来说，尤其是听说课（如语音教学），很多教师也反馈这类语言课程在线教学效果远不如课堂面对面效果，在教室课堂中教师可以从学生的语音、表情等多方面观察和衡量学生的学习效果、予以有针对性的讲解和纠错。但在线课程由于大学英语班级本身学生人数众多，很难实施有效的即时互动、进行面对面的实时反馈，这在一定程度上影响了教学效果。

此外，网络在线课程教学和传统课堂教学相比缺乏一定的约束性，很多学生始终处于一种各自独立、较为松散的学习状态，教师在一定程度上无法对所有学生进行有效监控，学习效果基本依赖于学生的自制力。现有的大学英语网络在线教学体系中，网络在线课堂缺乏有效监管机制，学校也没有对网络教学的效果评估及对学生行为的限制制定相关的监督管理制度，在一定程度上给学生创造了投机取巧的机会。有效地教学活动和互动能够促进学的行为，但是若缺乏监管，收效甚微，极端的情况下甚至一点儿促进也没有，在线课堂很可能演变成教师自说自话的秀场，学生若知道教师看不到自己，也缺乏评价措施，很可能心不在焉或者逃避学习，从而影响了大学英语的学习与教学质量，因此在线教学过程中，教学行为如何能够保证学习行为的发生且保证学生能够达到学习目标，并不是一件容易的事情。对此，一方面教师应当课前做更多的工作，如授课前应了解不同学习者不同期望或要求，制定明确的交流规范，包括交流方式、交流频率；另一方面借助技术手段进行有效反馈，如进行有挑战性、促进学生积极参与的课堂活动。

二、启示与建议

（一）加强自有课程资源和在线平台建设

新型冠状病毒性肺炎疫情防控期间的"停课不停学"主要依托在线教育进行教学，很多教师的教学内容直接使用出版社或中国大学慕课的现有资源，教育部高等学校大学外语教育指导委员会也建议以慕课教学为主，尤其发挥"国家精品在线课程"的示范引领作用。虽然运用慕课教学能够实现了数字化、多样化，如读写课涵盖各部分知识点的讲解、也有单元测试，但是多数课程属于教学片段播放，学生的互动和参与性不足，内容也没有针对本校或本班学生的独特设计，且没有充分考虑到学生的情感体验以及不同学校学生的差异，不能充分体现以学生为中心的教学理念，很多学生注册学习后不能保证自始至终认真学完，随意性很大，本校教师也无法监控其学习状态，从而影响教学效果，因此，从长远来看学校应当结合各自院校具体特点的校本网络课程建设才是应对正常和非常时期的有效途径。

（二）加大对教师进行线上教学培训力度

突发的疫情一下把教师推到线上教学的屏幕前，对此突然转变很多老师措手不及，凸显了在线教育技术能力不足的短板。对此，教育部门和机构开展教师信息化教学和疫情防控知识线上培训，组织、指导开展网络教研，增强广大教师利用信息技术开展网络教学的意识和能力。在此匆匆上阵情境下的培训并不能充分解决马上面临的在线教学问题，很容易陷入技术的盲区，尤其很多作为新手的教师进行直播并不熟练，这样的教学过程和教学效果不尽理想、状况频出，如授课过程中电脑有广告弹出、家人声音上镜、未开麦克风就开讲等问题。教师如何在平时教学中不断提高和改进教师线上教学组织服务水平，确保教学质量，做好“预案”应对突发状况，是在教师因素方面亟需提高的方面。但是从一方面说，这也促成教师必须去掌握新的技术，适应教育技术信息化的发展大趋势，以便更从容地应对“互联网+”背景下的智慧化教学。

（三）提升学生的自主学习能力

加强学生自主学习能力是提高在线学习质量的重要条件。线上教学与传统课堂的重要区别就是师生分离状态下教师无法对学生过程完全进行有效监管。对于学生来说，时间管理、自我监控、自我评价是成功在线学习关键的因素。没有时空屏障的阻隔，借助智能手机、电脑等工具，学生可以随时随地学习，学习者在延伸学习空间方面必须具备的其他特质包括强烈的学习动力、明确的学习目标、积极的学习态度、强烈取得进步的意愿、较高的内控能力，同时他们也必须掌握自我指导学习的能力、认知和元认知技能、交互和协作技能以及管理技能。

美国远程教育之父魏德迈 1981 年提出了“独立学习”的概念。他认为，“学习者可以接受教师指导但决不依赖他们”“学习者自己承担学习责任并完成相应学习任务①。”独立学习理论提倡学习者的自由和选择，即独立学习者应自我指导和自我管理；既强调学习者自主选择和自我负责的重要性，也重视发挥教学临场的作用，这些教育理念在今天依然具有其现实指导意义。“居家学习”的状态下，教师要思考的就不仅仅是如何完成教

---

① 徐辉：《当代远程教育理论发展述评》，《比较教育研究》2002 年第 3 期。

学大纲,更重要的是如何趁着这个非常时期,让学生提升自主学习能力。当学生的自主学习能力低的时候,教师需要设计学习过程的管理,如增强内容的吸引力、加大活动的参与性、提升评估的即时性,同时引导学生平衡好必学、选学和自学的关系,更多的是发挥对学生进行引导和反馈的作用。在这个过程中教师会有非常多的准备工作。

第八章 信息化背景下高校教师的发展

第一节 高校教师角色变化

随着科技发展的日新月异，信息化是当今世界社会发展的大趋势，以多媒体和网络技术为核心的信息技术已成为拓展人类能力的重要途径，极大地改变着人们的思维方式和学习方式。信息技术与课程整合的应运而生，也促使传统教育逐步走向数字化、网络化、多媒化和个性化。信息技术的发展使教学实现了从传统教室教学单一的教学模式发展到多维度、多样式的多媒体网络教学模式。信息技术的发展和应用是教师必须面对的社会现实存在，也必将对教师教学和自身发展产生重要影响，教师现状和发展又反过来影响教学质量。正如有研究者所言："教师是信息技术与课程整合的关键因素，决定着课堂生态系统的变化与发展[①]。"信息技术背景下，大学英语课程的教学效果如何，在很大程度上也取决于是否拥有一支具备良好教学信息素养和技术素养的师资队伍。信息技术不会完全取代教师，但是信息技术与外语教学的不断融合使外语教师角色发生了很大变化，也使教师的职业发展面临巨大的新的挑战和机遇。

2018 年 1 月中共中央、国务院印发的《关于全面深化新时代教师队伍建设改革的意见》提到："教师承担着传播知识、传播思想、传播真理的历史使命，肩负着塑造灵魂、塑造生命、塑造人的时代重任，是教育发展的第一资源，是国家富强、民族振兴、人民幸福的重要基石。"社会和技术的发展促使教师角色发生重大变化，传统意义上的教师需要具备的知识和能力标准已经不能适应现实教学的需要，"传道、授业、解惑"只是教师发挥作用的一部分。经济全球化、政治多极化、社会信息化、文化多样性的新时代背景下，教师角色被赋予新的内涵。

① 孙先洪：《高校教师计算机自我效能感与计算机态度的实证研究》《江苏高教》2017 年第 5 期。

一、全人教育的引领者和践行者

“全人教育”是20世纪60年代至70年代兴起于美国的一种教育思潮,美国学者隆·米勒(Ron Miller)于1988年正式提出“全人教育”这一概念。与之前教育看重技术理性和实用性不同,这一概念强调人的整体发展。我国有学者提出从某种意义上来说,“全人教育”就是采取“通德通识、博雅精专”的育人培养模式[①]。长期以来,我国的外语教育主要重视基本知识和基本技能,重“工具性”,轻“人文性”,即对学生的综合素质提升与整体发展没有引起足够的关注。近年来外语教育领域对外语教育的“人文性”和价值引导功能越来越重视,如《大学英语教学指南》(2015版)明确提出:“大学英语课程是高等学校人文教育的一部分,兼有工具性和人文性双重性质……人文性的核心是以人为本,弘扬人的价值,注重人的综合素质的培养和全面发展。”大学英语教育更要树立新时代的全人育人观。

教育是国之大计、党之大计。国家需要的是德、智、体、美、劳全面发展的社会主义建设者和接班人。近年来,通过“课程思政”引导学生在知识、能力和价值观方面相统一的教学理念越来越受到重视。国家层面更是把课程中的思想政治教育提高到越来越重要的位置。2012年11月,党的十八大首将“立德树人”确立为教育的根本任务。2016年习近平总书记在全国高校思想政治工作会议的讲话中提到“要用好课堂教学这个主渠道”,“提升思想政治教育亲和力和针对性,其他各门课都要守好一段渠、种好责任田,使各类课程与思想政治理论课同向同行,形成协同效应”。2019年10月,教育部印发《关于深化本科教育教学改革 全面提高人才培养质量意见》;再次强调“把思想政治教育贯穿人才培养全过程”“把课程思政建设作为落实立德树人根本任务的关键环节,坚持知识传授与价值引领相统一”。由此可见,“课程思政”已成为全人教育尤其是德育教育的必要环节。大学英语教学面向的是非英语专业学生,学生范围非常广,教学周期为四个学期,是所有大学课程中时间较长的科目,作为教师在思想引领和全面育人方面责任重大。

① 文旭、司卫国:《从复合型人才培养到“全人”教育:对我国外语人才培养的再思考》,《山东外语教学》2018年第3期。

二、课程资源的开发者和整合者

信息化社会背景下,知识信息浩瀚如海。面对林林总总的教学内容和资源,如何选择是一个重要的任务。作为教师需要视个人能力和主客观条件,或独立或与他人合作,依据教学目标进行信息化教学设计,构建信息化教学环境,选用适合自己的多媒体或网络开发平台或工具,选择、制作多媒体素材及课件,直播或录制教学视频、制作微课、建设慕课及学科专业教学资源库,因此教师由传统的知识讲解者、传递者、灌输者成为学习资源开发者或整合者。课程资源的开发有助于教师深入了解自身知识结构缺陷,进而确定适合自己的发展方向。最终实现提升教师教育认识水平与专业技能、优化教师知识结构、增强教师合作意识、转变教师教学方式、提高教学质量。①

具体而言,教师基于对教学内容和教学效果的要求,推动自身的学习动力。在课程资源的开发与整合过程中,教师教学实践不断提升。在教师课程开发学习过程中,教师学习表现为问题驱动、实践反思、过程互动、内容多元等特点。正如有研究者所指出,教师的专业学习与自身发展是同一过程,教师对于教学问题的不断追问与反思促进教师学习的发生,因而高校教师需要在教学实践特别是课程资源的开放与整合中钻研学习,实现自身的专业发展。②

随着开发工具的日益平民化、智能化和简洁化,使得很多教师成为既快又好的数字化学习资源开发者,如每年中国高等教育学会、上海外语教育出版社等部门主办的各类微课和多媒体课件大赛吸引很多教师参与并产生很多质量较高的作品。这表明善于利用信息技术的教师课程内容越来越丰富、有吸引力,而不善用信息技术的教师课程教学将会受到很大制约。

三、学生学习的指导者、帮助者、促进者

信息化背景下的教学模式,教师将在线教学和传统教学相结合,在应用过程中需要与教学内容、教学方法和手段、教学组织实施、教学评价相融合。依托课程平台不仅"传道"还要有"用道"的方法,教给学生"如何学习",即引导学生进行自主学习、讨论学习、自我监控、自我评估等,真正实现课堂由教师主导、学生为主体的教学模式;把学习者的

---

① 李定仁、段兆兵:《论课程资源开发与教师专业成长》,《教育理论与实践》2005 年第 6 期。

② 张艳:《基于大学英语后续课程资源开发的教师学习研究》,《当代外语研究》2017 年第 3 期。

学习循序渐进、由浅到深地引向有深度学习，有效提升学生学习的效率和深度，还能够实现个性化教学。在此过程中，教师转变成学习内容意义的建构者、学习情境的创设者、学习过程的组织者和指导者、答疑者。

教师对学生学习的指导、帮助和促进可以体现在如下方面：一方面，教师需要注意教学行为对学生的直接影响，即教师有效教学行为具有语言规范性、行为互动性以及行为文化性的特点，就要求教师在具体教学过程中注意优化教学用语质量，强化课题提问行为，提高课堂制度行为的有效性和科学性；另一方面，和谐的师生关系不仅是教育的基本要求，更有利于教师与学生之间的交流，从而激发学生学习兴趣与热情，通过良好的学习氛围促进学生有效的学习与成长。古人云："亲其师则信其道。"对于教师而言，和谐的师生关系的建立需要教师爱学生，在具体的生活与学习中体谅学生的处境，学会倾听和鼓励学生，处处做学生的榜样，更要提升教学水平。

四、信息化教学理论和实践的研究者

"互联网+教育"模式下，高等教育中信息化教学已成为未来重要发展趋势。这其中，教师的信息化教学素养与能力又是信息化教学的关键要素。信息化教学既是满足学生个性化发展的需要，也是培养新时代创新性人才的重要保障，更是高等学校特别是教师自身发展的需要。

然而，高校教师信息化教学现状尚存不足。从高校教师信息化素养现状来看，不少教师对信息化虽然有一定认知和具体应用，但尚不能完全理解信息化教学的深层次内容。教师信息化培训与学习尚未全面展开，信息化水平参差不齐。高校教师教学过程中传统观念较重，教学模式与方法难以充分吸引年轻大学生，在一定程度上导致大学生学习积极性不足。从整体来看，影响高校教师信息化教学素养与能力的因素既有外部因素，也有教师个人原因。从外部因素看，不少高校尚不能够提供充分、高质量的信息化技术资源平台，缺乏有效的技术指导，教师难以系统深入地学习到信息化知识与技术。高等教育中尚未形成良好的信息化教学环境，多数学生难以有效融入信息化学习模式中，有限的信息技术资源平台难以有效发挥应有作用。从教师自身来看，不同教师对信息化教学理念认知水平各有不同，接受过信息化系统学习的教师基本能够熟练运用先进教学手段，有效开展信息化教学，也有部分教师基于自身教育经历及理念的不同，依旧习惯传统教学模式。

高校信息化教学水平的提升，首先需要教师转变教育理念，从根本上认识到信息化教学的优势，不断提升自身教学水平与效果；其次，高校要重视信息化教学培训，定期为教师提供信息化教学课程,通过专项培训与课堂观摩,全面推动教师信息化素养,保证所有教师能够熟练运用信息技术进行教学;最后,高校需要重视改革教师评价体系,适当加入信息化教学要素,通过教师评价推动教师主动提升信息化教学的意识与能力。

教学和研究是相互促进、相辅相成的。教师以理论为指导开展教学活动,在教学过程中不断探索将新技术应用到实践的方法辅助教学,并引导学习者开展合作、互动、交流,并进行学习评估,成为信息化教学评价者,从而检验教学效果并进一步完善教学理论,因此教师是信息化教学最直接的实践者和研究者。只有不断实践和反思、研究,教师才能从普通的"教书匠"和"知识的搬运工"转变为从事教学领域的"行家"和"专家"。

第二节 高校教师面临的挑战

信息化背景下,高校教师面临各种挑战与困境,如知识结构陈旧、单一,信息化教学手段能力不高,信息化科研发展不足,职业倦怠显现,等等。

一、知识结构陈旧、单一

社会信息化环境下,教学过程不再是教师进行单纯的理论讲解、知识归纳。信息化高度发展的今天,慕课、网络公开课的出现,尤其是智能手机的广泛应用,学生可以通过多种途径随时随处接触到丰富的信息资源,教师是课堂教学知识传输的唯一途径已经不复存在。但是很多教师在适应信息化教学体系方面仍然存在不足。有的教师多年来用同一种教案、课件,备课来源仅限于教师用书和出版社提供的统一课件,教学内容缺乏时代性和吸引力,教学手段陈旧、落后、缺乏吸引力。造成这一现象的原因主要是多数大学英语教师从走上教学岗位就承担大量的公共英语教学工作任务,较多的教学工作量或缺乏工作进取心使得大学英语教师本身没有时间和精力或不愿去追踪英语语言和文化信息的前沿,知识呈枯竭状态,难以挖掘出或添加新的知识点,缺乏对英语知识的渴望。而到国内、外培训访学等继续深造的机会有限,因此就造成对国外文化特别是对所讲授语言的文化直观体验非常有限。

此外《大学英语教学指南》(2015 版)关于课程设置和教学内容提到,"大学英语教学的主要内容可分为通用英语、专门用途英语和跨文化交际三个部分,由此形成相应的三大类课程"。甚至还有研究者提出各高校都在普遍压缩公共外语学分,应当集中有限的学分和课时大力开展专门用途英语教学[①]。在此背景和挑战下,在实际公共外语教学中大部分老师更倾向通用英语教学,对专门用途英语和跨文化交际方面的知识和能力储备稍显不足,这就给高质量、有深度的通用课程讲解和拓展课程的开设带来一定阻碍。

二、信息化教学手段能力不高

信息化教学是指在教学中运用信息技术手段,使教学的环节融入数字化和技术要素,从而提高教学质量和效率。各高校作为培养现代化建设者和接班人的摇篮,其计算机网络的建设、普及与应用水平普遍居于社会的前列,教师的应用能力也应该处于较高水平,但笔者在调查中发现,就高校教师个体而言在运用信息化和网络技术方面的能力却参差不齐。部分老师教学手段单一,网络信息获取和应用能力相应较低,他们对网络信息资源的利用存在一定的畏难情绪,尤其部分老教师习惯于课本、粉笔、黑板的讲解,不愿使用多媒体教学或在课程中加入新的技术元素。

但是,也应当看到部分教师又存在另一极端,在使用现代技术手段进行辅助教学的时候,即过度依赖技术手段。比如,有的教师依赖教材出版社提供的既有的 PPT 教学课件,不加分析和修改,"照本宣科",讲课时按照上面的内容一一呈现,这样教师完全成为课件播放者,看似信息技术化的背后是应付工作和不负责任,学生课上"被迫"观看一张张课件内容也容易导致视觉疲劳,长此以往这种教学方式会削弱学生的学习积极性;此外还有的极端情况存在,如断电情况下无法使用多媒体的状况,有的老师竟然无法授课。还有的教师出现另一种极端:过度追求新颖的方式,用好玩的图片或小视频吸引学生眼球,这样容易造成本应该是装饰或辅助的元素特别突出,导致喧宾夺主,使学生对授课的内容不去关注或失去兴趣。应当注意,多媒体技术对课堂教学只是起辅助作用,不能取而代之,只有将多媒体辅助技术与传统课堂适当相结合,发挥各自优势,才能成为有效地教学方式。

三、信息化科研发展不足

我国高校实行目标管理制度,虽然很多高校会有"教学型""科研型"或者"教学为主型""科研为主型"的具体划分和要求,但是大部分高校教师都面临着教学和科研两个重任。尤其科研成果在绩效核算、职称评定和晋升方面占有重要地位。有研究发现阻碍高

---

① 蔡基刚:《十字路口的我国公共外语教学》,《中国大学教学》2019 年第 4 期。

校英语教师科研发展的两大原因:一是多数教师(53.4%)科研意识淡薄,即对科研兴趣不是非常浓;二是大多数高校英语教师(66.6%)认为自己教学工作太忙,没有时间做科研,而在实践层面,很多教师面临资料匮乏、无人指导、不懂科研方法等困难[①]。在实际教学中也有个耐人寻味的现象:多数科研特别突出的教师在课堂教学中表现一般,至少不像在科研领域那么突出,反之亦然。究其原因,一个人的精力是有限的,无论是教学还是科研上的成就,都需要孜孜不倦的学习和积累。当然如果能把教研结合,即教学的关注点也是科研兴趣点所在是最理想的,但是实际能做到的教师特别少。

造成科研薄弱的原因:其一,客观因素,外语类高水平期刊数量少,教师普遍反映关于英语教学类的文章难发表;其二,大学英语教育在外语教育中又有其特殊性,作为公共基础课其教学内容多数为围绕单元主题展开,不是某一学科英语的深入学习,虽然任科教师在学习期间有自己的专业方向(如英美文学、翻译、商务英语等),大学英语与教师专业英语的深入发展有一定距离,这就造成"杂而不专"的状况,教师要想在科研上有所作为需要另寻突破口或者原专业领域发展需要另寻时间,这就造成科研与教学脱节,教学任务繁重,有限的时间无法在科研上有很多探索和突破,本应教学和科研的相互促进的关系却成了大学教师工作中的一对基本矛盾。

四、职业倦怠显现

"职业倦怠"也称为"工作倦怠"(job burnout),1974 年美国社会心理学家费鲁板伯格(Freudenberger)首先撰文对这一概念进行研究,它指的是个体在长期重压状态下对工作动力的丧失和情感上的厌倦,后来,玛勒诗(Maslach&Jackson)对职业倦怠进行量化研究,提出了 Maslach Burnout Inventory 模型,将职业倦怠定义为在以人为服务对象的职业领域中,个体的一种情感耗竭(工作热情完全丧失,情感处于极度疲劳状态)、去人性化(以消极、否定或麻木不仁的态度对待工作对象)和低成就感(评价自我意义与价值的倾向降低)的症状[②]。当前,我国高校教师出现不同程度的职业倦怠问题。这既是教师发展本身存在的问题,也是引起其他方面不利发展的最重要的原因。

在对英语教师职业倦怠研究中,马瑞娟对山西 7 所高校 147 名大学英语教师和其他教师的对比研究结果表明,大学英语教师职业倦怠状况介于工科教师和医科教师之间,

---

① 刘润清、戴曼纯:《中国高校外语教学改革现状与发展策略研究》,外语教学与研究出版社,2003 年,第 38-42 页。

② 刘萍:《大学英语教师自我效能感和职业倦怠的关系研究》,《外语教学》2014 年第 6 期。

低于医科教师而高于工科教师，男性教师倦怠感重于女性教师①。刘莉对8所工科高校的117名教师作为调查对象调查发现工科高校大学英语教师普遍存在职业倦怠，总体上情况居中，尚未达到严重的程度，但也需要引起足够的重视②。大学英语教师的职业倦怠感最突出的是大学英语教师的低成就感，主要原因包含三方面：第一，大学英语是一门公共基础课，学生重视程度逊于专业课，尤其在很多工科为优势学科的院校，大学英语课程地位处于边缘状态，再加上近年来也一直面临缩减课时的困境，教师普遍有危机感；第二，如上文所说，大学英语教学任务相对繁重、科研成果也难发表，在科研评定和项目申请和经费方面不占优势；第三，大学英语教师队伍中女性教师居多，她们随着孩子出生、成长、老人年龄增大等原因，来自家庭的压力逐渐增大，对家庭投入更多精力，尤其随着2017年二胎政策的放开，部分女教师在家庭中投入的时间更多，这多少影响她们在教学和科研上的投入。在笔者所在的学院中，因此原因好几位教师不得不放弃继续攻读博士学位的打算。低的成就感反过来磨灭工作热情，部分教师失去当初工作的热情，仅把教学当成“工作”而非“事业”，满足于“上好一门课”甚至“上完一门课”，不愿从事本专业的教学改革和科研工作。

第三节　高校教师发展理念与路径

教师角色的变化以及教师发展面临的困境为教师的未来发展既提出了挑战，也带来更多的机遇。

一、积极转变教育观念，实践终身学习理念

教师终身学习既是社会发展的需要，也是教师职业的要求，更是教师自身生产发展的需要。从具体学习内容来看，首先，需要高校教师不断学习专业知识，时刻了解学科前沿思想动态，将最新的知识与思想传递给学生。其次，不断学习现代教育思想与技术。真正掌握信息化教学的理念与方法，深入领会信息化教学的内容，有效发挥信息化教学的优势。通过信息化教学实现教学方式与手段的多样化，将抽象的知识生动

① 马瑞娟：《高校英语教师职业倦怠状况及其相关因素分析》，《安徽工业大学学报》（社会科学版）2013年第2期。

② 刘莉：《大学英语教师职业倦怠与信息技术环境中职业发展路径分析》，《外语学刊》2014年第6期。

地传递给学生，激发学生学习兴趣，发挥学生学习的主动性和创造性。教师肩负着教书育人的重要责任，信息化时代背景下教师必须自觉树立终身学习的理念，时刻保持对新知识的好奇与敏锐，不断更新知识结构，以适应现代教育的需要，否则就会大大落后于这个时代。

世界上唯一不变的就是变化本身。信息化背景下，知识与信息的更新速率不断加快，教师若不能通过及时的学习完善自身知识结构并提升教育能力，教育质量必然会大打折扣，面对浩瀚如海的知识信息和日新月异的信息技术，教师唯有不断学习才能以更广的视野、站在更高的角度教导学生学习；其次，面对英语学科课时压缩等的不利地位，可以通过跨学科的在职进修为学历教育不断“充电”，加强拓宽领域的学习和教学是非常重要的途径，如开设 EAP（学术英语），ESP（专门用途英语、职业英语）和关于中外人文、社会文化等新型大学英语课程，能做到一专多能，开辟和丰富教学内容和领域，发掘自身专业潜能，全面提升专业素养，提升教学空间，尤其要根据自己本校学生特点、学校发展定位和学生需求等，有针对性地开展教学。此外，通过自身积极形象去影响学生，加强对学生成才和成长的关注，做到“育智”和“育人”相结合，促进其全面发展，从而实现全人教育。

二、勇于尝试和创新，提高信息化教学水平

信息化背景下，高校英语教学理念、教学方法和教学手段都在不断变化，教师首先要探索适应信息化教学模式，首先必须深刻认识信息技术在教育中的必然趋势和优势作用，唯有拥抱新技术，顺应大学英语课程发展需要才能在教学中占据有利地位；其次，要提升多模态教学能力，了解网络媒体的特点、熟练使用多媒体技术和数字教育技术，如掌握常用课件、微课的制作方法，实践应用慕课、翻转课堂、混合式教学以及 QQ、微信、云平台等新媒介进行组织教学和交流等，摒除畏难情绪，边学边积累经验直到后来得心应手，使教学效果锦上添花。

通过规范、有效的信息化技术培训，为教师搭建学习、交流信息化教学的平台，真正提升教师视野，感受到信息化教学的魅力与优势，进一步更新教学理念，体验信息化技术支持下教学的知识创新，从而让每一位高校教师都能够具备驾驭传统教学与信息化教学的能力。如，通过微视频为学生创设轻松且有趣味的学习情境，利用微课引导学生自主学习，通过移动互联网和手机软件引导学生参与到教学活动中，等等。

需要指出的是，教师还应当注意信息技术实用的适度原则，尤其避免对多媒体课件的工具化和娱乐化，减少对 PPT 课件等技术的依赖，在备课和授课过程中应对学生

现有水平和需求加以分析，对已有课件根据授课对象和不同目标进行改进和升级，在授课过程中注意学生的现场反应、增强互动和交流，进行有针对性的讲解；在评估环节，即使有了“iWrite”或“批改网”的智能批改，教师还是要进行二次批改，做到更加精细和周到。

三、增强科研意识，提升科研能力

大部分大学英语教师的工作围绕备课和授课，这也是公共英语教师的工作常态，大量精力被用来熟悉内容、查找背景相关资料、拓展内容等，再加上部分院校教材更换频繁，使得教师用于深入专业学习的实践非常有限，长期疏于对专业理论和动态知识的学习，致使其科研能力退化、科研兴趣也大大减弱。为此，广大英语教师应当转变认识，努力探索如何做到教研结合。这就需要在教学实践中提高问题意识和研究意识，将自己在教学中遇到的问题与困惑转化提升为研究问题。教师应从根本上明白如不进行科学研究或不具备科研能力的教师只会把知识从一方（教材或媒体）搬到另一方（学生），不太可能进行更多有针对性的创造性的教学活动。有研究者提出“教学是根本，科研是关键，不搞科学研究或不具备科研能力的教师不可能成为真正意义上的高水平教师[①]”。对此，笔者认为不搞科研不一定不是高水平教师，但是能把教研结合会使教学水平有更大层次的提升，真正实现从“教书匠”到“学者型教师”的转变。

科学研究是大学的基本职能之一，“大学的科研追求的是相对来说最深奥的那部分，是知识体系中最基础和前沿的那一部分[②]”。科研对教师的发展重要性不言而喻。在国外一直有“publish or perish”（发表还是灭亡）的说法形象地道出了科研成果对教师的重要性。大部分教师都有紧迫感和危机意识，甚至一提到科研就有焦虑和沮丧，但是提到如何改变现状又困难重重，如“原有知识过时，也有局限新的研究方向无从下手”“有了一点科研成果如写了论文，太难发表到核心等重要期刊”“申报多次项目，没有结果大大挫伤积极性，不想再折腾”。做科研是一个长期的过程，需要扎实的基础和不断地积累。路径方面可以从以下几方面着手：第一，需要树立“积极求变”的意识，充分认识到对提高教学效果和自身素质的重要性，善于在教学中发现问题，找到自己的科研“着手点”；第二，自我研修，“坐冷板凳”，通过自己阅览书籍、报刊、期刊等，了解国内外专业前沿动态通过

---

① 杜晋红、何芳、刘晓玲：《应用型大学中青年公共英语教师科研能力个案研究》，《北京第二外国语学院学报》2019 年第 2 期。

② 吴波、鲁晶石：《大学科研职能的异化及其对策研究》，《当代教育科学》2019 年第 12 期。

大量的文献阅读、了解本领域、本专业的最新研究动态和成果,拓宽学术视野,逐渐明细科研方向,而不是固守于多年前的研究热点,陷入“瓶颈”无法自拔,忽略了它的现实发展;第三,增加自己接受继续教育的机会,主动与校内外专家、学者交流教学中遇到的疑难问题,这些都将有助于外语教师科研水平的不断提升。

四、搭建平台,合作共生

在笔者调查中,很多教师有提升专业知识和教学技能的需要,但是苦于没有有效途径。对此,从学校和学院角度来说,应充分搭建良好的教学和学术研究环境。如开展面向新入职教师和青年教师的能力提升培训,搭建校级教师发展平台,充分利用校内教师发展中心和学院等部门组织的“教学工作坊”和“学术大讲堂”等平台提供的相关培训,邀请国内外专家开展教学和科研指导,推进专业教学改革与创新。定期组织和鼓励教师参加有针对性的线上或线下的教学科研研修活动,如就大学英语老师来说,积极组织和支持教师参加外研社、外教社举办的各类线上、线下的培训,参加过的教师普遍反映这类专门的培训在提升教学和科研素养方面使其受益匪浅。

此外,加强院系内部教研室和科研小组等学习共同体建设采用共同研讨、集体执行等方式,分工明确,发挥自个所长,如针对课程建设方面划分职责,或者每人一单元,或者根据职责不同分工,有负责丰富教学内容、有负责微课或慕课录制,有负责技术完善的,有专门管理网络平台的,从而形成教学合力,这就减轻了个人工作强度,也可以扬长避短,达到最佳效果。科研方面也需形成合力,通过成立科研方向团队或互助组,建立完善“传帮带”机制,以老带新,学校或学院给予和增加相关科研项目的政策支持和资金扶持,如不以立项为标准,鼓励参报项目和论证给予一定的支持。还可以加强学院之间和校级之间的合作,以合作互补的方式达到共同提升的目标。

中共中央、国务院印发《中国教育现代化2035》部署了面向教育现代化的十大战略任务之一是“加快信息化时代教育变革。建设智能化校园,统筹建设一体化智能化教学、管理与服务平台。利用现代技术加快推动人才培养模式改革,实现规模化教育与个性化培养的有机结合”。信息化环境下必须不断深化对教师角色的认识。教育信息化对教师来说既是挑战,也是机遇。教师是教育信息化发展的关键因素。教师只有意识和顺应教育信息化发展的趋势,树立终身学习的理念,不断学习现代教育技术,努力提升自身素质,才能成为合格的现代化教育工作者。教师要从观念上、教学行为(如教学模式转变、教学组织、教学评估)实施中进行角色的重新定位和转化,由对教学的知识传递者、过程控制者转换为教学引导者、组织者、辅助者、参与者;努力克服职业倦怠,教研结合,激发自身潜能，能够得到在信息和技术素养的全面的发展。当然教师角色的定位和转换，也需要多方面的外力驱动，例如高校加强和完善信息化教学硬件设施建设、构建激励性提升体系等。

附　录

附录一　非英语专业本科生学习状况调查问卷（第二、三、五章调查）

亲爱的同学：

这是一份关于大学英语学习状况的调查问卷。该卷希望通过调查来改进教学工作，同时也为您提供一个了解和反思自己学习的机会。本调查只做团体性分析，不做个别呈现，所选答案无对错之分，不会对您的学业和英语考试成绩造成任何影响。请您如实、客观地填写，谢谢合作！

一、基本信息

学院____________　　　　　　　　　　所在班级____（A 班／　B 班）

性别____　　　　年龄____　　　　高考成绩________

四级笔试成绩________

四级口试成绩________

二、网络环境下自主学习现状调查

请仔细阅读下列每一个句子，然后请根据数字代表的意思，选择相应的数字。请注意，所选的数字要根据自己的实际做法而不是你的想法或你的教师认为对的做法。

1 ＝ 完全不符合　2 ＝ 通常不符合　3 ＝ 有时符合　4 ＝ 经常符合　5 ＝ 完全符合

01. 对英语学习(包括网络上机学习),每学期我有明确的学习目标。1 2 3 4 5
02. 对英语学习(包括网络上机学习),每节课我有明确的学习目标。1 2 3 4 5
03. 为了使自己有足够时间学习英语,我很好地安排自己的学习日程。1 2 3 4 5
04. 我能很好地安排自己的网上学习进度。1 2 3 4 5
05. 为了完成学习任务,我会制定学习计划。1 2 3 4 5
06. 我自己在英语学习方面非常努力。1 2 3 4 5
07. 上课时,我注意力很集中。1 2 3 4 5
08. 上机时,我认真跟读句子和做听力练习。1 2 3 4 5
09 上课时,我会记录和整理重要或不熟悉的表达。1 2 3 4 5
10. 对于英语学习我只关注听力课本教材有关的内容。1 2 3 4 5
11. 上课时,我会积极思考和回答老师的问题。1 2 3 4 5
12. 上课时,我会积极参加老师组织的活动(如讨论、演讲)。1 2 3 4 5
13. 课后,我会认真完成老师布置的作业。1 2 3 4 5
14. 我选择除课本外适合自己英语水平的材料来学习。1 2 3 4 5
15. 课外我主动在电脑或手机上学习英语,如听英语广播、阅读文章。1 2 3 4 5
16. 课内外我经常和同学或其他英语学习者讨论、交流网上学习问题。1 2 3 4 5
17. 学习英语有困难时,我经常积极寻求老师或同学的帮助。1 2 3 4 5
18. 我借鉴英语成绩优秀者的学习经验,进而改进自己的学习策略。1 2 3 4 5
19. 我研究自己个性特点,找出优势和不足,发挥优势,克服弱点。1 2 3 4 5
20. 我评价自己英语学习进步的状况,找出薄弱环节和改进的措施。1 2 3 4 5
21. 我对改进自己的英语学习有明确的要求。1 2 3 4 5
22. 我评价自己的网上学习策略,从而找出存在的问题和解决办法。1 2 3 4 5
23. 我定期检测预先制订学习计划完成的情况。1 2 3 4 5
24. 当答题或网络测试成绩不理想时,我总是鼓励自己千万不能泄气。1 2 3 4 5
25. 学英语时,我注意自己的情绪变化并有意识地进行调节。1 2 3 4 5
26. 我有很强的自我约束能力,能保证足够网上学习英语的时间。1 2 3 4 5
27. 我能够处理好网络英语学习和娱乐的关系。1 2 3 4 5
28. 我积极参加各类英语竞赛类活动(如全国大学生英语竞赛等)。1 2 3 4 5

29. 我积极参加各类英语实践活动(话剧比赛等)。 1 2 3 4 5

30. 对于各种任务作业,我都上网查或借鉴下同学的,应付了事。 1 2 3 4 5

三、学习和评价等情况

以下请根据实际情况选择或填写

1. 我对英语学习______。

   A. 很感兴趣　B. 感兴趣　C. 不感兴趣　D. 很不感兴趣

2. 我学习英语的原因是______。

   A. 真正喜欢英语　B. 考试过关(尤其是四六级,考研)

   C. 为择业增加筹码　D. 为出国深造

   E. (若以上都不是,请填写)________________

3. 你认为自己的英语水平____。为什么?

   A. 很好　B. 较好　C. 一般　D. 较差

   E. 很差

4. 我觉得英语____________.

   A. 很难学　B. 较难学　C. 中等难度　D. 较易学

   E. 很容易学

5. 我每周课外学习英语的时间大概是 ________小时。若都不是,请填写具体时间______。

   A. 1 ~2 小时　B. 2 ~4 小时　C. 4 ~6 小时　D. 6 小时以上

   E. 不一定　F. 从不学习

6. 我认为当前影响自己英语学习成绩的最主要的因素是______。

   A. 学习能力　B. 努力程度　C. 学习环境　D. 教学方法

   E. 英语基础

7. 你对我校大学英语分级教学模式满意度如何?______。原因______。

   A. 很满意　B. 较满意　C. 一般　D. 不满意

8. 我认为实行分级教学对我的英语学习______。

   A. 非常有帮助　B. 有帮助　C. 不清楚　D. 没帮助

   E. 不利于进步

9. 我对视听说(语音室)课程的上课模式______。

   A. 很满意　B. 较满意　C. 一般　D. 不满意

F. 很不满意

10. 我对读写译(教室)课程的上课模式______。

A. 很满意　　B. 较满意　　C. 一般　　D. 不满意

F. 很不满意

11. 我对口语课的上课模式______。

A. 很满意　　B. 较满意　　C. 一般　　D. 不满意

F. 很不满意

12. 我对现在使用的读写译教材________。

A. 很满意　　B. 较满意　　C. 一般　　D. 不满意

F. 很不满意

13. 我对现在使用的视听说教材__________。

A. 很满意　　B. 较满意　　C. 一般　　D. 不满意

F. 很不满意

14. 我认为语音室上机学习对我的英语学习____________。

A. 帮助很大　　B. 有一定帮助　　C. 不清楚　　D. 没帮助

15. 我对学校的多媒体网络学习设备______。

A. 很满意　　B. 较满意　　C. 一般　　D. 不满意

F. 很不满意

16. 我认为当前形成性评价方式(网络自主学习+课堂表现+作业+课外活动+口语)______。

A. 很好　　B. 较好　　C. 不好　　D. 很不好

17. 我____个人电脑。

A. 有　　B. 无

18. 我认为影响课内外网络自主学习的最主要因素是________。(可多选)

A. 学生使用网络的条件有限　　B. 网络通畅性不够

C. 教师辅导力度不够　　D. 自控力不够

E. 对英语学习缺乏兴趣　　F. 其他课业负担重

G. 缺少学习资源　　H. 其他____________

19. 我在智能手机上________英语。

A. 学习　　B. 不学习

20. 我用智能手机学习的目的是_______________(若多于一个选项,请按重要性排列)

A. 查字典　B. 练习听力　C. 练习口语　D. 了解文化
E. 听英语歌曲　F. 看英文电影消遣　G. 看英语新闻

21. 我手机装有的英语应用程序有哪些？请将这些资源按使用频率高低排序____________。

A. 有道词典　B. 金山词霸　C. 扇贝　D. 百词斩
E. 英语流利说　F. 网易公开课　G. FiF 口语训练营　H. 沪江英语
I. 可可英语　J. 若还有其他(请填写)________________

22. 我手机里英语学习应用或资源的来源________________。

A. 老师推荐的　B. 同学介绍的　C. 自己了解的　D. 其他

23. 我每天在手机上进行英语学习的时间________________。

A. 从不学习　B. 15 分钟以内　C. 15 ~ 30 分钟　D. 30 ~ 60 分钟
E. 60 分钟以上　F. 其他__________(请填写)

24. 我在手机上进行英语学习的时间是________________。

A. 早晨上课前　B. 平时没课的时候　C. 晚上睡觉前　D. 很随机,没规律

25. 我觉得利用手机进行英语学习对自己语言水平的提高程度__________。

A. 有很大帮助　B. 有帮助,但不是很大　C. 不清楚　D. 没啥帮助

26. 每月我的手机上网费用大概是__________。

A. 10 元以下　B. 10 ~ 20 元　C. 20 ~ 30 元　D. 30 ~ 40 元
E. 40 ~ 50 元　F. 50 以上

27. 我利用手机进行学习面临的困难__________。

A. 费用问题　B. 自制力　C. 缺乏好的学习资源　D. 没时间
E. 基础太差,跟不上

28. 英语学习遇到问题时,我会________。

A. 找老师解决　B. 通过学习平台给老师发消息
C. 给老师发信息或打电话　D. 找同学商量
E. 去网上搜索　F. 回避或绕过去

29. 经过两年的学习,我觉得自己的阅读能力________________。

A. 有很大提高　B. 有一定提高　C. 不清楚　D. 没变化
E. 不如高中

30. 经过两年的学习,我觉得自己的写作能力________________。

A. 有很大提高　B. 有一定提高　C. 不清楚　D. 没变化
E. 不如高中

31. 经过两年的学习，我觉得自己的听力水平________________。

A. 有很大提高　B. 有一定提高　C. 不清楚　D. 没变化

E. 不如高中

32. 经过两年的学习，我觉得自己的翻译能力________________。

A. 有很大提高　B. 有提高，但不大　C. 不清楚　D. 没变化

E. 不如高中

33. 经过两年的学习，我觉得自己的词汇量________________。

A. 有很大提高　B. 有提高，但不大　C. 不清楚　D. 没变化

E. 不如高中

34. 经过两年的学习，我觉得自己的文化视野________________。

A. 有很大提高　B. 有提高，但不大　C. 不清楚　D. 没变化

E. 不如高中

35. 经过学习，我觉得自己的学术英语水平________________。

A. 有很大提高　B. 有一定　C. 不清楚　D. 没变化

E. 不如高中

36. 经过两年的学习，我觉得自己的自主学习能力________________。

A. 有很大提高　B. 有一定提高　C. 不清楚　D. 没变化

E. 不如高中

37. 您对大学英语课程学习或教学方面的建议：________________。

附录二 英语学习状况调查问卷(第四章自我效能)

这是一份关于非英语专业本科生学习状况的调查问卷,希望通过调查来改进教学工作,同时也为您提供一个了解和反思自己学习的机会。本调查只做团体性分析,不做个别呈现,所选答案无对错之分,不会对您的学业和英语考试成绩造成任何影响。请您如实、客观地填写,谢谢!

一、基本信息

姓名__________ 学号______________ 性别____ 年龄____

学院____________ 专业____________ 所在班级__(A 班/ B 班/ C 班)

高考英语入学成绩____

二、英语学习自我效能问卷

Part I

请仔细阅读下列每一个句子,判断它是否符合您的实际情况,然后根据数字所代表的意思,在相应的数字下划"√",请注意每个数字所代表的含义:

1 = 完全不符合 2 = 基本不符合 3 = 不确定 4 = 基本符合 5 = 完全符合

01. 我认为自己有能力学好英语。 1 2 3 4 5
02. 英语成绩下降时,我感到自己无能为力。 1 2 3 4 5
03. 我能轻松地完成英语教学中规定的学习任务。 1 2 3 4 5
04. 我认为自己在英语学习方面非常努力。 1 2 3 4 5
05. 当英语学习遇到困难时,我能够找到一个好的解决方法。 1 2 3 4 5
06. 在英语四级考试中取得好成绩对我而言不是件难事。 1 2 3 4 5
07. 我喜欢有挑战性的学习任务,因为我相信在挑战面前我能胜利。 1 2 3 4 5
08. 我自己能把握好网上自主学习的进度。 1 2 3 4 5
09. 学习遇到挫折时,能保持平静,因为我相信自己的应付能力。 1 2 3 4 5
10. 相信自己能够处理好网络英语学习和娱乐的关系。 1 2 3 4 5

11. 有时候遇到难题,就想混过去算了。 1 2 3 4 5

12. 我相信我有很高的语言天赋,对英语学习充满自信。 1 2 3 4 5

13. 我认为自己的自主学习能力很强。 1 2 3 4 5

14. 认为自己有很强的自我约束能力,能保证足够网上学习英语的时间。

1 2 3 4 5

Part II 访谈提纲

1. 你对英语学习有兴趣吗?你学习英语的目的是什么?

(考试过关/ 为择业增加筹码/ 出国 /真正喜欢英语)

2. 你觉得学好英语容易吗?你有信心学好英语吗?请谈谈理由。

3. 在你看来,自信心会影响你的英语成绩吗?你如何看待"疯狂英语"学习法?

4. 你认为当前影响自己英语学习成绩最主要的因素是什么?

A. 学习能力　B. 努力程度　C. 教学环境　D. 教学方法

E. 其他 ______

5. 你认为男、女生在英语学习能力方面有差别吗?

6. 你对目前的上课模式(视听说、读写译、分级教学)满意吗?请谈谈理由。

7. 你每天课外学习英语的时间大概是 ________小时。

A. 2 小时以上　B. 1 ~2 小时　C. 1 小时以下　D. 从不学习

8. 你对当前形成性评价方式(课外自主学习+课堂表现+作业+课外活动+口语)满意吗?

9. 你对当前自己的英语自主学习总体情况满意吗?

10. 你对本课程学习或教学方面有什么建议?

参考文献

著作

[1]阿·穆·卡里姆斯基.社会生物主义[M].徐若木,徐秀华,译.北京:东方出版社,1987.

[2]班杜拉.自我效能:控制的实施(上)[M].缪小春等译.上海:华东师范大学出版社,2003.

[3]边玉芳.学习的自我效能[M].杭州:杭州教育出版社,2004.

[4]陈俊森,樊葳葳,钟华.跨文化交际与外语教育[M].武汉:华中科技大学出版社,2006.

[5]大学英语基本要求项目组.大学英语课程教学要求(试行)[M].北京:清华大学出版社, 2004.

[6]郭本禹,姜飞月.自我效能理论及其应用[M].上海:上海教育出版社,2008.

[7]何齐宗.现代外国教育理论流派述评[M].南昌:江西高校出版社,2006.

[8]何自然.语用学讲稿[M].南京:南京师范大学出版社,2003.

[9]胡文仲.跨文化交际学概论[M].北京:外语教学与研究出版社,1999.

[10]胡壮麟.语言学教程[M].北京:北京大学出版社,2001.

[11]霍克斯.论隐喻[M].高丙中,译.北京:昆仑出版社,1992.

[12]贾玉新.跨文化交际学[M].上海:上海外语教育出版社,1997.

[13]教育部高等教育司.大学英语课程教学要求[M].北京:外语教学与研究出版社,2007.

[14]莱斯利·P.斯特弗,杰里·盖尔.教育中的建构主义[M].高文等译.上海:华东师范大学出版社,2004.

[15]刘行玉.地景制作、空间支配与国家转型:一座北方小城的地志学[M].北京:中国社会科学出版社,2019.

[16]刘润清,吴一安.中国英语教育研究[M].北京:外语教学与研究出版社,2000.

[17]刘润清,戴曼纯.中国高校外语教学改革现状与发展策略研究[M].北京:外语教学与研究出版社,2003.

[18]罗少茜.英语教学中的行为表现评价:理论与实践[M].北京:北京教育出版社,2001.

[19]秦晓晴.外语教学研究中的定量数据分析[M].武汉:华中科技大学出版社,2003.

[20]任连奎,王洪月.大学英语教学改革探索与思考[M].北京:外语教学与研究出版社,2008.

[21]任长松.探究式学习:学生知识的自主建构[M].北京:教育科学出版社,2005.

[22]束定芳.语言的认知研究—认知语言学论文精选[M].上海:上海外语教育出版社,2004.

[23]苏国勋,张旅平,夏光.全球化:冲突与共生[M].北京:社科文献出版社,2006.

[24]苏霍姆林斯基.苏霍姆林斯基选集[M].蔡汀,祖晶等译.北京:教育科学出版社,2001.

[25]王笃勤.英语教学策略论[M].北京:外语教学与研究出版社,2002.

[26]王蔷.促进学习二语教学中的形成性评价[M].北京:外语教学与研究出版社,2015.

[27]王荣英.大学英语输出教学论[M].上海:上海交通大学出版社,2008.

[28]王守仁,文秋芳,金艳.全国高校大学英语教学发展研究:理论与实践[M].北京:外语教学与研究出版社,2014.

[29]姚宝荣,韩琪,王涛.中国社会与文化[M].西安:陕西人民出版社,2004.

[30]叶奕乾,何存道,梁宁建.普通心理学[M].上海:华东师范大学出版社,2004.

[31]赵洪利.在线教育理论与实践[M].北京:北京理工大学出版社,2018.

[32]祝畹谨.社会语用学概论[M].长沙:湖南教育出版社,1992.

[33]祖晓梅.跨文化交际[M].北京:外语教学与研究出版社,2015.

期刊

[34]埃德·尼可森,陈炜.大学英语教师课堂提问模式调查分析[J].外语界,2004(6):22-27.

[35]蔡基刚.十字路口的我国公共外语教学[J].中国大学教学,2019(4):22-27.

[36]曾琦.小学生课堂参与的角色差异[J].教育研究与实验,2000(2):60-64.

[37]陈春雷.从失范走向规范:关于网络语言影响及规范策略的思考[J].学术界,2011(4):195-202.

[38]陈阳,张晶. 论高校公共英语分级教学中的马太效应[J]. 东北农业大学学报(社会科学版,2010(1):34-36.

[39]崔艳嫣,李业霞. 试谈建立多维的大学英语教学评估体系[J]. 聊城大学学报(社会科学版),2004(4):115-119.

[40]邓杏华. 利用情感因素优化大学英语课堂教学效果[J]. 高教论坛,2005(4):72-74.

[41]杜晋红,何芳,刘晓玲. 应用型大学中青年公共英语教师科研能力个案研究[J]. 北京第二外国语学院学报,2019(2):112-126.

[42]高照. 大学英语分级教学对课堂心理环境影响的实证研究[J]. 山东外语教学,2010(2):56-62.

[43]关小燕. 妇女心理与社会稳定[J]. 江西师范大学学报(哲学社会科学版),1995(1):75-79.

[44]郭常红. 四六级网考反拨效应下大学英语视听说教学模式研究[J]. 外国语文, 2011(6):155-157.

[45]郭乃照. 大学英语分级教学刍议[J]. 山西财经大学学报(高等教育版), 2002(3):23-25.

[46]何克抗. 现代教育技术与创新人才培养[J]. 现代远程教育研究,2003(1):12-18.

[47]何自然,何雪林. 模因论与社会语用[J]. 现代外语,2003(2):200-209.

[48]侯建波,孙静怡. 模因论视角下的网络新文体[J]. 外语教学,2014(5):19-22.

[49]黄景,Phil Benson. 第二语言教育的教师自主性研究[J]. 外语与外语教学, 2007(12):33-37.

[50]贾云鹏. 解读大学英语教学理论与教学方法[J]. 湖北经济学院学报(人文社会科学版),2015(12):212-214.

[51]金艳,杨惠中. 走中国特色的语言测试道路:大学英语四、六级考试三十年的启示[J]. 外语界,2018(2):29-39.

[52]柯应根. 大学英语分级教学改革历程及问题研究[J]. 江苏高教,2016(4):67-70.

[53]蓝纯. 从认知角度看汉语的空间隐喻[J]. 外语教学与研究,1999(4):7-15.

[54]李珩. 大学生英语自主学习能力与自我效能感的实证研究[J]. 现代外语, 2016(2):235-245.

[55]林莉兰. 基于三维构念的大学生英语自主学习能力量表编制与检验[J]. 外语界,2013(4):73-80.

[56]刘桂秋. 大学英语档案袋评价理论与实践[J]. 沈阳师范大学学报(社会科学版),2011(6):176-179.

[57]刘莉. 大学英语教师职业倦怠与信息技术环境中职业发展路径分析[J]. 外语学刊,2014(6):136-139.

[58]刘萍. 大学英语教师自我效能感和职业倦怠的关系研究[J]. 外语教学,2014(6):68-72.

[59]刘芹,王莉. 中国大学生英语口语能力档案袋评价可行性研究[J]. 外语与外语教学,2010(6):48-52.

[60]刘泽华,申凯中. 我国高校大学英语分级教学反思与对策[J]. 中国大学教育,2015(12):36-41.

[61]陆向鹏. 浅谈现代信息技术与大学英语课程整合[J]. 吉林省教育学院学报,2010(6):61-62.

[62]马瑞娟. 高校英语教师职业倦怠状况及其相关因素分析[J]. 安徽工业大学学报(社会科学版),2013(2):127-129.

[63]潘华陵,陈志杰. 英语专业学生自我效能感调查分析[J]. 外语学刊,2007(4):128-130.

[64]钱晓霞. 试论英语教师职业发展中的教师自主[J]. 外语界,2005(6):30-35

[65]任桂玲. 利用移动平台,提升大学生英语学习能力[J]. 当代教育科学,2015(11):73.

[66]任军,刘军,刘永泰. 信息技术及其发展趋势[J]. 科技情报开发与经济,2008(8):142-144.

[67]邵琳娜. 信息技术与大学英语课程整合[J]. 重庆科技学院学报(社会科学版),2012(6):188-190.

[68]束定芳. 论隐喻的本质及语义特征[J]. 外国语,1998(6):10-20.

[69]孙先洪. 高校教师计算机自我效能感与计算机态度的实证研究[J]. 江苏高教,2017(5):64-66.

[70]王琦. 外语教师 TPACK 结构及其技术整合自我效能研究[J]. 外语电化教学,2014(4):14-20.

[71]王群. 大学英语教学轮流授课制方法推设[J]. 中国电力教育,2007(1):134-135.

[72]王燕. 高职院校英语分级教学的研究与实践[J]. 湖南大众传媒职业技术学院学报,2007(2):114-117.

[73]王英男,许炜. 以学生为中心的大学英语教学模式中的教师话语[J]. 北京工业大学学报(社会科学版),2005(9):101-105.

[74]文秋芳. "产出导向法"与对外汉语教学[J]. 世界汉语教学,2018(3):387-400.

[75]文卫平. 外语学习积极情感背景模式[J]. 湘潭大学学报(社会科学版),2001(6):

139–142.

[76]文旭,司卫国.从复合型人才培养到“全人”教育:对我国外语人才培养的再思考[J].山东外语教学,2018(3):50–60.

[77]吴波,鲁晶石.大学科研职能的异化及其对策研究[J].当代教育科学,2019(12):66–69.

[78]咸修斌,孙晓丽.自然模式亦或教学模式:基于大学英语优秀教师课堂话语语料的分析[J].外语与外语教学,2007(5):37–41.

[79]项茂英.情感因素对大学英语教学的影响:理论与实证研究[J].外语与外语教学,2003(3):23–26.

[80]肖钰敏.全国大学英语四六级考试发展历程及对大学英语教学的影响[J].中国考试,2015(8):59–63.

[81]谢徐萍,仇俐萍,张苹.基于多媒体和网络教学的大学英语教师专业化:建构主义理论视角的再思考[J].中国教育信息化,2010(5):57–59.

[82]辛红.社会建构主义模式与外语能力的培养[J].聊城大学学报(社会科学版),2006(2):114–116.

[83]熊永红,曾蓉.从模因论的角度解读流行语“被 XX”[J].外国语文,2011(2):70–73.

[84]徐忠勇.教师在英语档案袋评价模式中的角色定位[J].教学与管理,2011(6):126–127.

[85]薛建强.大学英语移动学习模式的构建与发展研究[J].实验技术与管理,2014(3):176–179.

[86]闫嵘,张磊.任务复杂度、任务难度和自我效能感对外语写作的影响[J].外语界,2015(1):40–47.

[87]杨超美.英语学习者性别差异的研究与对策[J].解放军外国语学院学报,1999(3):58–61.

[88]袁凤识,肖德法.元认知策略在 TEM4 中的运用及其与成绩的关系研究[J].外语与外语教学,2006(3):31–34.

[89]张国辉.大学英语公共课应用 CBI 教学模式的研究[J].河北软件职业技术学院学报,2010(2):16–19.

[90]张萌.大学英语分级教学的问题及对策[J].语文学刊(外语教育与教学),2009(10):152–153.

[91]张淑芬,余文都.大学新生英语学习自我效能感的调研分析[J].教育心理研究,2010

(5):93-96.

[92]赵桂英,冯彦. 信息技术在大学英语教学中的应用[J]. 情报科学,2012(6):911-913.

[93]周星,周韵. 大学英语课堂教师话语的调查与分析[J]. 外语教学与研究,2002(1):59-68.

英文

[1] Bacon, S. The relationship between gender, comprehension, processing strategies and cognitive and affective Response in second listening[J]. Modern Language Journal, 1992(76):160-178.

[2]Burstall, C. Factors affecting foreign language learning: a consideration of some relevant research findings[J]. Language Teaching and Linguistics Abstracts, 1975(8):105-125.

[3]Eckert, P. & McConnell-Gine, S. Language and Gender[M]. Cambridge: Cambridge University Press, 2003.

[4]Coffman, E. The arrangement between the sexes[J]. Theory and Society, 1977. 4(3):301-331.

[5]Hall,E. T. Beyond Culture[M]. New York: Doubleday, 1976.

[6]Harmer, J. How to Teach English[M]. Beijing: Foreign Language Teaching and Research Press, 2000.

[7] Heloc, H. Autonomy and Foreign Language Learning[M]. Oxford: Pergamon Press Ltd. 1981.

[8]Hutchinson, T. Water A. English for Specific Purposes: A Learning Centered Approach [M]. Cambridge: Cambridge University Press, 1987.

[9]Krashen, S. D. & Terrel, T. D. The Natural Approach: Language Acquisition in the Classroom[M]. Oxford: Pergamon Press. 1983.

[10]Krashen, S. D. The Input Hypothesis: Issues and Implications[M]. London: Longman,1985.

[11]Lakoff, G. & Johnson, M. Metaphors We Live By[M]. Chicago: University of Chicago Press, 1980.

[12]Lakoff, R. Language and Woman's Place[M]. New York: Harper and Row,1975.

[13] Little, D. Learner Autonomy 1: Definitions, Issues, and Problems[M]. Dublin: Authentic, 1991.

[14] Littlewood, W. T. Defining and developing autonomy in East Asian contexts[J].

Applied Linguistics, 1999. 20(1):71-94.

[15] Longley, Dennis, Shain, Michael. Dictionary of Information Technology[M]. London: Macmillan Press, 2012.

[16] Swain, M. Three functions of output in second language learning[A]. In Cook, G. & Seidlhofer, B. (eds.). Principle and Practice in Applied Linguistics[C]. Oxford: Oxford University Press, 1995.

后 记

时光荏苒,2004 年我从一名学生转变为教师,从事自己喜欢的教师工作岗位到现在将近十六年。作为一直从事大学英语教学的教师,亲身经历了大学英语变化的点点滴滴,切身感受到信息技术对教学的影响。从最初的粉笔、黑板教学,到后来有了扩音器,建了听力语音室,播放磁带授课,再到后来都成了多媒体教室、语音室、自主学习中心。本人作为一线教师,对教学的思考从未停歇,探索也未曾止步,多年来一直注重教研结合,从实际问题出发,经常做调查问卷,了解学生所思所想和建议,积累了丰富的教学经验和大量直接的研究资料。本书也是近年来所承担和参与的一些教学、科研项目如"'互联网+'背景下成人英语教学模式研究"(编号 ldcj 201701)、"网络环境下非英语专业大学生自我管理能力对英语学习作用的研究"(编号 14CWXJ55)、"'四位一体'大学外语课程思政教学改革研究"(编号 G202023)和"全球化语境下外语教育中的文化认同研究"(编号 321021955)的阶段性成果。

本书在编写过程中得到领导和同事大力支持,他们对于问卷调查的实施和教学改革实践提供大量帮助,在此郑重感谢;还要感谢我的家人,尤其是爱人对我的全力支持,是他一直鼓励我扎扎实实进行教学研究,并且在本书写作过程中主动承担很多家里琐碎事务使我能够专心写作。

由于本人能力和水平有限,书中难免存在一些疏漏和不足,敬请读者批评指正。